SHODENSHA
SHINSHO

ーシップ3.0

マから支援者へ

祥伝社新書

はじめに――なぜ、新しいリーダーシップのあり方が求められるのか

どのような世界でも、いつの時代にも、人々はカリスマ型の強いリーダーを潜在的に待望しているようだ。

エーリッヒ・フロムの『自由からの逃走』は、そんな人々の心理を暴《あば》き出した。――第二次世界大戦前、民主的なワイマール憲法の下にあったドイツにおいて、ファシズムが圧倒的な勢力となったのは、ファシズムの巧妙さが、本当の原因ではない。多くの人々の心の奥深くに、自由に伴う責任の重さから逃れたいとの無意識があり、その責任を肩代わりしてくれる強力なリーダーを求める社会心理が生まれたからだ、と。

我々の精神が、その成熟を遂げていかないかぎり、我々は、いつも強力なリーダーを求めつづける。そして、新たなリーダーへの期待と幻滅を繰り返すのである。

ブレヒトの戯曲、『ガリレイの生涯』に以下のような一節がある。

「英雄のいない国は不幸だ」との言葉に対して、ガリレイはこう語った。
「そうではない。英雄を必要とする国が不幸なのだ」

人々の誰かに依存し、誰かのせいにしたい、という潜在的な願望があるかぎり、強力なリーダーを待望する心理はいつの時代にもなくならないであろう。その方が楽だからだ。プロ野球や、プロサッカーチームの負けがこんでくると、必ず監督の首がすげ替えられる。それは、大リーグや欧州のサッカーリーグ（彼らの場合はコーチ）もまったく同じである。政治の世界でも同じで、景気が悪くなる、あるいは国際社会における地位が低下すると首相のせいにされ、もっと強いリーダーを人々は望むのである。企業の場合も、業績が悪いと、企業のトップが頼りないから、方向性が間違っているから、と社員はもっと強力なリーダーシップを発揮してくれるトップを望む。

実際、企業研修や大学の授業で「リーダー」という言葉から思い浮かべる人を聞くと、次の名前が年代を問わずよく挙がる。野球監督の星野仙一《ほしのせんいち》、野村克也《のむらかつや》、政治家の小泉純一郎《こいずみじゅんいちろう》、経営者の本田宗一郎《ほんだそういちろう》、松下幸之助《まつしたこうのすけ》、戦国武将の織田信長《おだのぶなが》、豊臣秀吉《とよとみひでよし》、徳川家康《とくがわいえやす》。海外では、スティーブ・ジョブズ、ジャック・ウェルチなど。皆、いわゆるカリスマ型のリーダーである。

しかし、本当に我々はカリスマ型のリーダーが必要なのであろうか？

現代のように、過去に誰も経験していないような経営環境下では、経営の正解を知り、自らの意のままにリードしていくのは至難の業《わざ》である。リーダー一人の力で、従業員にインセンティブを与え、能力や成果を評価し、やる気を起こさせ、組織を率《ひき》いていく、ということができる人間はオーナー系企業のトップなどを除けば極めて限られている。

むしろ、現場の第一線が自律的に働き価値を提供したり提案を上げたりすること（ボトムアップ）、中間管理層が活発な議論と組織の上下左右に対して働きかけ活性化すること（ミドルアウト）がなければ、組織は立ちゆかないことは自明である。したがってリーダーはそのような作用が起こるような環境を整え、触媒になることが必要なのである。

それにもかかわらず、強いリーダーにならなければいけないという呪縛《じゅばく》により、部下とのコミュニケーションに迷い、自信を失い、自ら進むべき方向を見失っている経営者層、事業部長・部長職が非常に多い。これは、企業研修や経営層とのコミュニケーションを通じて常々感じていることだ。たとえば、部下に弱みを見せてはいけないと、本来の自分に仮面を被《かぶ》り、強がって見せる上司は非常に多い。これでは、部下との信頼関係を築くことはできない。

歴史的に見るとリーダー像は時代背景や、組織のあり方、フォロワーとの関係によってさまざまに変化してきている。中央集権的な権力者のリーダーシップ1.0から、同じ権力者でも分権を指向した1.1の時代、調整者の1.5、そして変革者の2.0などとなっている。そして現在は、支援者のリーダーシップ3.0の時代であるということを明らかにしたい。

背景には、かつてのように画期的な技術が次々と生まれ、それに基づき製品やサービスを作っていくようなやり方ができなくなってしまったことがある。そのような環境下、リーダーの役割は一人ひとりのメンバーと向き合い、動機付け、主体性を持って自律的に働くよう支援をすることである。しかも、それは社内に留まらない。社外も含めて参画意志と能力のある者を集め、試行錯誤の中で新しい価値創造を行なっていく必要がある。

また、リーマンショックや、我が国の東日本大震災・原子力発電所事故といった環境の変化も、いままでとは異なるリーダー像の輪郭を明確にした。いかにして収益を上げるかという How を知っていることよりも、地球に対して、人々に対して何をすべきか、という What を追究することが、企業をサステナブル（持続可能）な存在にするために必要である。むしろ、自社の収益しか頭にないリーダーは、顧客や社員から嫌悪感さえ抱かれるのである。

本書では、上記のような新しいリーダーシップのあり方の提言、および具体的なその実践のためのヒントを分かりやすく紹介していきたい。また、それは日本の中で七六〇年続いてきた永平寺《えいへいじ》のマネジメントの仕組みやリーダー育成の方法から学べること、そして、日本人はグローバル環境でリーダーシップが取りやすいということを紹介し、自信をなくしている日本のリーダーたちに元気、エールを送りたい。それが本書の目的である。

二〇一三年一月

小杉俊哉《こすぎとしや》

目次

はじめに——なぜ、新しいリーダーシップのあり方が求められるのか　3

第1章　時代によるリーダーシップの変遷

リーダーシップの変化とは　16
(1)リーダーシップ1.0——**権力者〈中央集権〉**一九〇〇〜一九二〇年代まで　17
(2)リーダーシップ1.1——**権力者〈分権〉**一九三〇〜一九六〇年代　21
(3)リーダーシップ1.5——**調整者**一九七〇〜一九八〇年代　24
(4)リーダーシップ2.0——**変革者**一九九〇年代　31
変革者ジャック・ウェルチ／リーダーシップ2.0の危機／日本におけるチェンジ・リーダーの代表・出井伸之／日本人は変革のリーダーに向かないか
(5)**組織の成長とリーダーシップの変化の関係**　44
グライナー「組織の成長　五段階説」とは／一九七二年に「予言」されていたリーダーシップの変化
(6)リーダーシップとマネジメントの違い　53

第2章　リーダーシップ3.0とは何か

(1)リーダーシップ3.0が生まれた背景
事業環境の変化　58
9・11がリーダーシップに与えた影響　60
アップルも気付いていなかった「信頼」の大切さ　61
「コミットメント」から「エンゲージメント」へ　66
リーマンショックと金儲け主義のリーダーへの嫌悪感　68
巨大地震災害がリーダーシップに与えた影響　70
(2)リーダーシップ3.0──**支援者**　二〇〇一年～
事業創造の支援者ジム・クラーク　76
1.5と3.0の違いとは──日本的経営への回帰ではない　78
まず自分に対するリーダーでなければならない　81
(3)**3.0の具体例モデル**
(i)サーバント・リーダーシップ　84
「サーバント」の誤解／サッカー長谷部誠選手のリーダーシップ3.0

（ii）羊飼い型リーダーシップ　95
（iii）コミュニティシップ　96
（iv）オープン・リーダーシップ　98
（v）コラボレイティブ・リーダー　100
（vi）第五水準のリーダーシップ　101
（4）リーダーシップ3.0を裏付けるさまざまな理論
（i）マネジメント2.0　104
（ii）場の論理とマネジメント　108
（iii）モチベーション3.0　109
（iv）フロー　111
（v）マーケティング3.0　113
（vi）セオリーU　114
第3章　リーダーシップ3.0を実践している企業
リーダーシップ3.0を実現する組織の前提条件　120
（1）HCLテクノロジーズ　123

従業員第一、顧客第二主義／ある日本企業における改革の成功と失敗
(2) ザ・リッツ・カールトン 129
封筒を届けに新幹線に乗ることが許されている担当者／クレド（信条）とミスティーク（神秘性）
(3) SAS 134
社員は会社の恩に報いる／サボる人間が出ない理由
(4) サウスウエスト航空 139
格安航空会社の中でサウスウエストだけが勝ちつづける理由／社員を社内顧客として処遇していた／社員が正しいことをせざるを得ない状況をつくる
(5) 資生堂 145
すべてを顧客に評価してもらう
(6) スターバックス 149
マニュアルがなくても店舗の運営が上手くいく理由
(7) ホンダ 151
ホンダのユニークな開発プロジェクト／「リーダー」は「上司」ではない
(8) マッキンゼー 154

誰がやっても同じ価値を提供する／マッキンゼーのミッションとプロフェッショナリズム
(9) IDEO　160
イノベーションを生み出す「デザイン思考」／米国型ビジネススクールに対するアンチテーゼ
(10) セムコ社　164
ノルマもマニュアルも出張旅費の規程もない会社／リーダーを選ぶのは彼ら自身である

第4章 永平寺に学ぶリーダーシップ3.0——企業以外の組織での事例

(1) 永平寺——日本古来のリーダーシップ3.0
禅の始まり　170
禅修行とリーダーシップの関係　172
七六〇年続くマネジメントの秘密　175
無料のリーダー養成機関　179
永平寺というブランドの力　181
(2) 大学の自主ゼミナールが育《はぐく》む「自律」

自主ゼミ存続の危機から生まれたクレド（信条）　185
なぜ続けるのか、を考える　189
（3）**米国陸軍**
軍の指揮命令系統を見直させた事件　192
二十一世紀型の組織とは　194

第5章　「3.0」リーダーに必要とされるもの

（1）リーダーシップ3.0に必要な要素とは
要素1　ビジョンを持ち、語る　198
要素2　リーダーになる　206
要素3　ミッションを持つ——天職とギフトの違い　209
要素4　他者を支援する、という自然の成長に従う　214
要素5　人間力を磨く　216
要素6　仮面をとる——リーダーは弱さを見せていい　219
要素7　ファシリテート（促進）する　224
要素8　「エンパワーメント」を正しく理解し実行する　229

要素9　動機付けを行なう　232
（2）日本人が「3.0」リーダーとなるために必要なこと
従来の日本企業のリーダー養成の問題点　237
下から学べない企業人　239
米企業が採用するリーダー養成研修の実態　240
魅力的でなくなった日本人　243
台頭するアジア諸国のリーダー教育　246
「失敗の本質」から学ぶ　249
日本人はグローバル・リーダーに向いている　251
日本の持つ多様性と志を取り戻せ　253
いま日本がすべきこと――リーダー育成への提言　256
日本人に欠けているものを認識する　259
おわりに　262
参考文献　265

第1章 時代によるリーダーシップの変遷

リーダーシップの変化とは

「はじめに」で述べたように、社会に求められるリーダーシップのタイプは時代とともに変化してきている。まず最初に、このリーダーシップのタイプの変遷を見ていこう。

なお、年代はあくまでおおよその目安であり、例示した企業のリーダーは年代を跨《また》いでいたり、年代がずれていることもある。また、それぞれの時代に代表的なタイプを示しており、その時代にすべてのリーダーシップがこのタイプであったということではない。組織の成り立ちや、組織の年齢、発展段階、業績などによっても求められるリーダーシップは大いに変わるのである。

たとえば、リーダーシップ1.0は、オーナー系の企業を中心に今日でも存在し、十分に機能している。「ユニクロ」を展開するファーストリテイリングの柳井正《やないただし》会長兼社長や、日本企業には珍しくM&Aを多用し、精密小型モーター世界一の日本電産の永守重信《ながもりしげのぶ》会長などがその代表格であろう（追補：ただし、二〇一四年になって柳井氏が「社員と経営者はサーバント・リーダーになってもらいたい」と発言していることは注目に値する）。

あるいは、現代であっても経営が破綻し、再生を目指す場面ではリーダーシップ2.0が必要である。たとえば、日本航空に対する京セラの稲森和夫《いなもりかずお》会長がそうであったように。

しかし、それぞれの時代には、それぞれの時代を代表するリーダーシップのタイプがあるのだ。それをこれから述べていきたい。なお、本区分や表現に際して、奥村昭博、山本あづさ著「時代がもとめたリーダーたち」(『リーダーシップ・ストラテジー』二〇〇二年春号、ダイヤモンド社)を大いに参考にさせていただいた。

(1) リーダーシップ1.0——権力者〈中央集権〉(Command and Control)一九〇〇～一九二〇年代まで

古代、中世から近代に至るまで、リーダーは、国王、王侯貴族、荘園領主、藩主など、圧倒的な権力を持ち、配下の者を支配してきた。専制君主がその典型である。軍隊においても後世に名を残すような指揮官は洋の東西を問わず高い地位に就き、圧倒的な権威を前提として下々《しもじも》の者を従わせた。

もちろん、歴史上には、自らの権力を振りかざすだけではなく、近代化を図《はか》り臣民のために尽くした君主もいた。ただ、いずれにしてもそれは、身分制度の厳しい時代には、権力があってこそ発揮されるものであった。

マキャヴェリが「君主論」を著し、君主とはどうあるものか、君主として権力を獲得し、また保持しつづけるにはどのような力量（徳、ヴィルトゥ）が必要かなどを論じたのが、十六世紀初めのことである。

ちなみに、古代エジプトや、古代ギリシャなどにおいても、英雄はもちろん出てくるし、英雄の定義も残っている。プラトンは哲人政治を唱え、その要件を、生まれ持った才能、若いうちの体験、軍事的訓練、哲学的思考経験と定義している。

しかし、当時はリーダーシップという概念はなかったと考えられる。「Oxford English Dictionary」の注釈によれば、リーダーという単語は十四世紀に確立していたが、リーダーを概念的に捉《とら》えるリーダーシップという言葉は、十九世紀中頃になって初めて広く用いられるようになったそうだ。近代的中央集権組織を構築したのが、軍事国家プロイセンの参謀総長モルトケと言われている。彼は、毎年徴兵制度によって集めた数万人の新兵をどのように組織し、動かすかに取り組んだ。

モルトケが考えたのは、組織を人体になぞらえ、参謀本部のエリートが頭脳となって、戦場の兵士を手足のように使う仕組みだった。それまでの司令官は戦場で直接軍隊を率《ひき》いていた。しかし、モルトケは戦場から遠く離れたベルリンの参謀本部から、電信機を使って全軍の指示をした。司令官は、中間管理層である直属の部下に命令を与え、それをさらに下に伝えた。部下は、直属の上司の命令だけを聞き、従う。そのようにして、四九万人の兵士を自在に動かした。

権力者がヒエラルキーの頂点に立ち、指示命令により、中央集権的に組織を支配する。PCのOSやソフトウェアになぞらえて、そのようなリーダーシップを、1.0と呼ぶ。視覚的にイメージしやすいように図示してみた（図表１−１）。

近代の少数の幹部が末端の兵士を動かすという、軍隊式中央集権的な仕組みを、最初に産業界に持ち込んだのが、フォード・モーターの創立者ヘンリー・フォードであった。

彼は、それまで職人が一から組み立て完成させるというモノ作りの常識を革命的に変化させた。それまでばらつきのあった部品を規格化、簡素化し、組み立てを流れ作業にして、大量生産のための管理手法を導入した。これにより一九〇八年から生産されたのがＴ型フォードであった。

図表1-1　リーダーシップ1.0——権力者（中央集権）

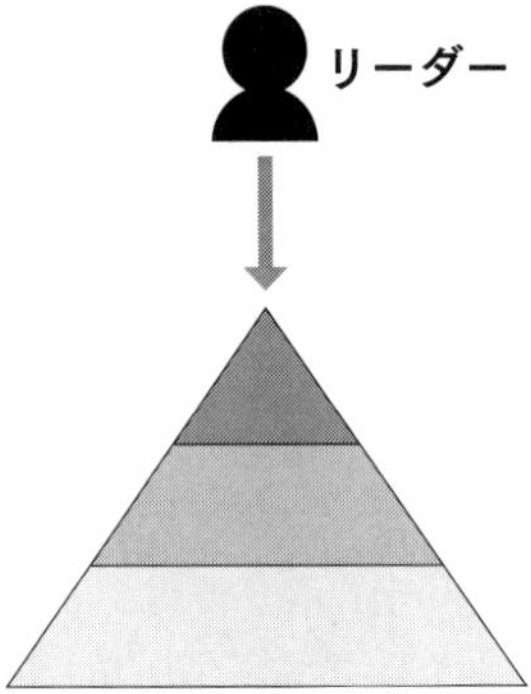

権力者が頂点に立って、中央集権的に組織を支配する形

　職工は複数の工程を担当するのではなく、部品の取り付けや調整など、自分の担当する作業を繰り返し行なうことになった。それには、ヒエラルキーにより上意下達を徹底し、管理する必要があった。そこに軍隊の管理手法が用いられたのである。一方で、職工が単純作業の長時間の繰り返しに不満を持つようになったが、その対策として高い賃金を支払うことで報《むく》いた。

リーダーシップ1.0の危機

　このようにして大量生産が可能になり、フォードは、それまでは金持ちのおもちゃであり、庶民の手には届かない高根の花であった自動車という超高級品を、比較的安い値段で買えるようにしたのである。この中央集権的なリーダーシップは、瞬《また》く間《ま》に他産業にも取り入れられるようになり、マスプロダクションの時代を迎える。

フォードは大成功を収めることになったのだが、一方で、自動車を自ら所有することに喜びを覚えたユーザーたちは、どれも同じ真っ黒な色をしたかつての幌馬車の延長のようなデザインのT型フォードにだんだんと飽き足らなくなっていった。

ユーザーたちは、いったん希望の物を手にすると、今度は自分の好みの色、形、性能を求めたのである。しかし、それらのニーズに応えるには、中央集権的な大量生産のあり方ではもはや対応ができなくなっていったのであった。

(2) リーダーシップ1.1——権力者〈分権〉(Divisional Management) 一九三〇〜一九六〇年代

1.0のリーダーが権限を一手に握っていたのに対し、このタイプのリーダーは、各事業部に責任者を置き、そこに権限を委譲して責任を持たせることで、組織全体をコントロール

図表1-2　リーダーシップ1.1——権力者（分権）

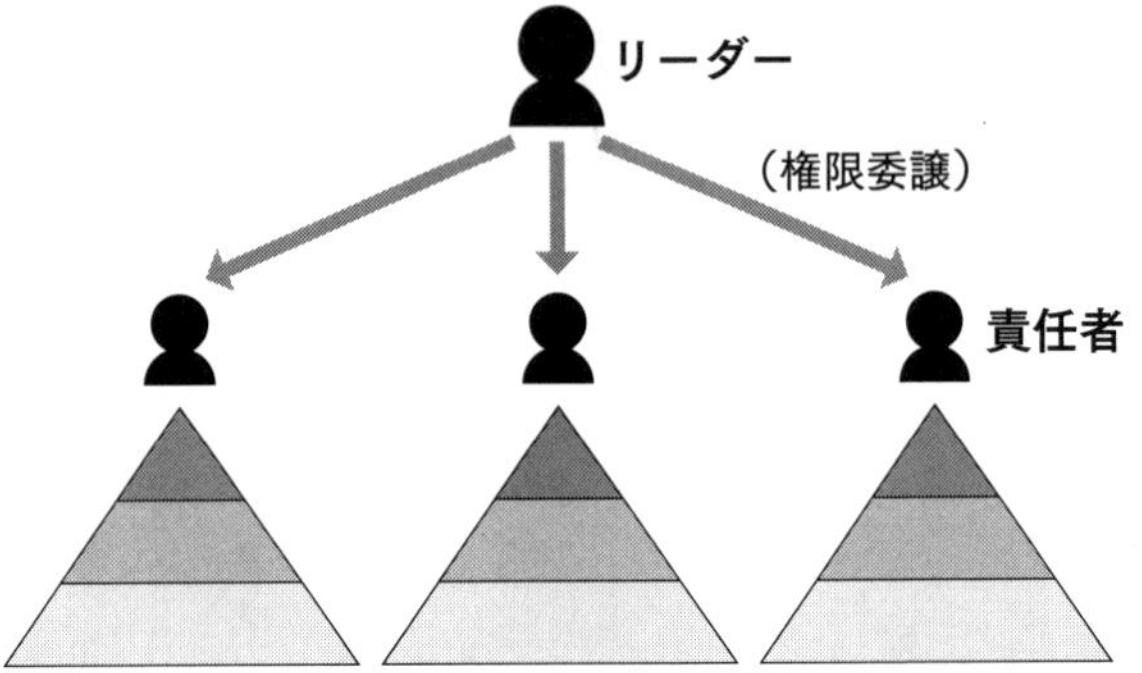

各事業部に責任者を置き、権限を委譲して組織全体をコントロールする

する（図表1－2）。

フォードの大成功の後、主導権を握ったのはゼネラル・モーターズであった。会社の成り立ちが買収を繰り返してできあがったということもあるが、一九二〇年にCEOに就いたアルフレッド・スローンは、最下級のシボレーから、少し車格が上のポンティアック、中級のオールズモービル、中上級のビュイック、最上級のキャデラックまで、さまざまなユーザーのニーズに対応したフルラインナップを用意し、またマーケティングの手法も導入し、大きく成長した。

これらの元は別会社だったが、吸収して傘下に入ったカンパニーを運営するには、それぞれの事業部責任者を置くことが経営管理上、有効であるとスローンは考えた。そこで世界で初めて事業部制を敷いたのである。ちなみに、ほぼ同時期に事業部制を導入したのが、松下幸之助の松下電器産業である。これらの事業部制に基づく管理手法は、分権によるリーダーシップとも言える。したがって、初期には中央集権のリーダーシップが次第に、分権のリーダーシップに変化したのであった。

これを、先のバージョンに改良が加えられたということで、リーダーシップ1.1と呼ぶことにする。しかし、組織全体からすれば、各事業部に分権していても、その事業部内においては、事業部長が権力により統制するという点において、やはり権力によるリーダーシップであった。

リーダーシップ1.1の危機

しかし、事業部制組織は、次第に事業部内で上下関係が強化され、現場とマネジャー間の対立を深めることとなった。また、階層による厳格な管理、効率性重視による賃金のみによる動機付けは、従業員の独創性を削《そ》いでいった。

さらに、事業部制は一旦経営者が指示や命令を下した場合に、それを見直したり、フィードバックを行なったりするプロセスを持っていなかったため、急激に変化する環境に対応しきれなくなっていったのである。

(3) リーダーシップ1.5――調整者
(Value-driven Management)
一九七〇～一九八〇年代

このタイプのリーダーは自らの権力によって率いるのではなく、組織全体に価値観と働く意味を与えること、雇用の安定を図るなど協調を促し、組織全体の一体感を醸成することにより組織を牽引《けんいん》する(図表1-3)。

第二次大戦後高度な成長を遂げた日本は、GNP世界第二位となり、七〇年代から八〇年代に掛けて、その黄金期を迎えるのである。資本主義をリードしてきたアメリカの競争力が相対的に低下し、自動車、家電品など多くの産業でアメリカの企業を凌《しの》ぐ成長を遂げた日本企業が数多く登場した。

図表1-3　リーダーシップ1.5――調整者

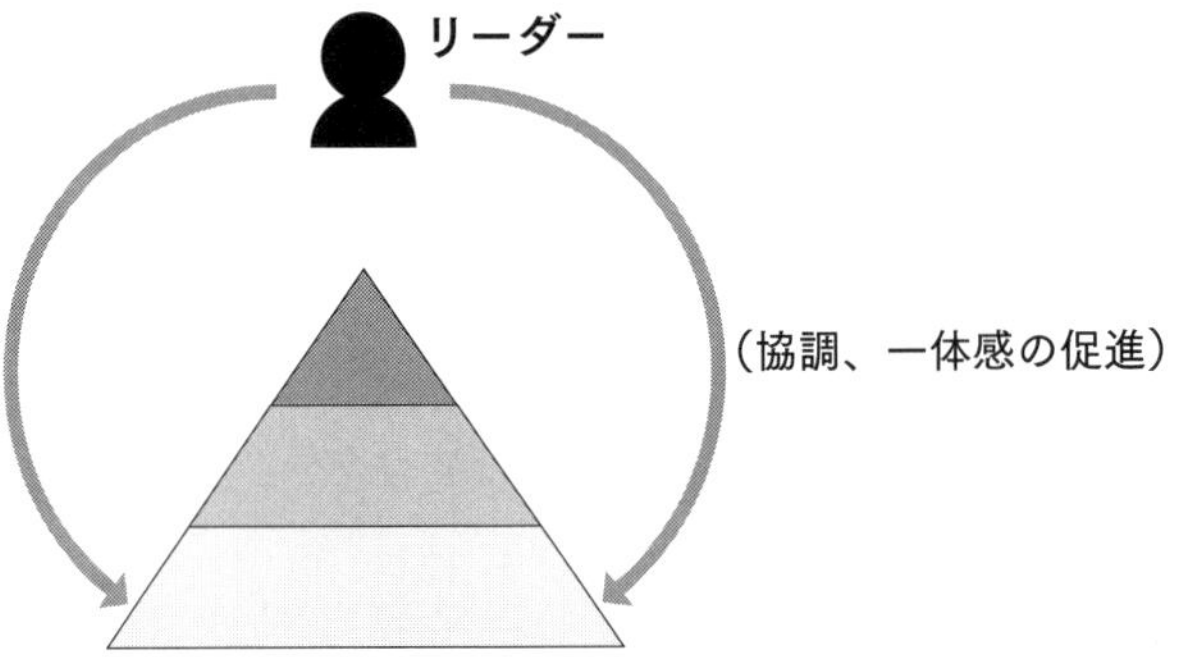

権力によってではなく、構成員の協調や一体感を促すことで、組織全体を率いる

日本企業は、その繁栄を謳歌し「もはやアメリカから学ぶことはない」という姿勢すら見られた。日本的経営の成功に自信を持ち、自らの成功の理由を考えることもなかった。逆に、それは海外の研究者たちから規定された。そのような日本企業の成功の秘密を、アメリカは熱心に研究の対象としたのである。

それらが、エズラ・ヴォーゲルの『ジャパン・アズ・ナンバーワン』であり、ウィリアム・オオウチの『セオリーZ』であった。『セオリーZ』の副題は、“How American Business Can Meet The Japanese Challenge”で、日本語版では「日本に学び、日本を超える」となっているほどである。

また、米国、米企業の凋落《ちょうらく》の危機感に端を発し、MIT産業生産性調査委員会が日欧米の産業比較を行なった『Made in America』では、日本的経営手法を米国、米企業が学ぶべきものとして高く評価している。あるいは、マレーシアのマハティール首相が「ルック・イースト政策」（東の国を見習え）を唱えたように、アジアの国々も大戦後、この驚異的な復興を遂げた日本的経営に憧れ、お手本にしたのである。

中でも、最も有名なのがトーマス・ピーターズとロバート・ウォータマンの『エクセレントトカンパニー』であろう。

この本の中には、日本企業は登場しない。しかし、そこで取り上げられている企業群は、トップが経営の細部や末端の従業員まで関心を示し、価値観の共有により組織全体を一体化させ、厳しさと緩やかさを併せ持ち、顧客を重視し、小集団活動により高品質の製品やサービスを追究する、分析とカンを組み合わせるという特徴を持っていた。

それは、目標を設定、達成する責任の共有、利益の共有、個人・組織人として成長する機会の共有、事業下降期の負担の共有など、いわゆる日本的経営を行なっている企業であった。三種の神器と言われる「終身雇用」、「年功序列」、「労使協調」などの協調、調整により、価値観を一体化させ、高品質の製品やサービスを提供していった日本企業と同様の経営手法であったのである。

その頃は、ＩＢＭ、ＧＥ、ＤＥＣ（Digital Equipment Corporation）、ＨＰ（ヒューレット・パッカード）、ＡＴ&Ｔ、モトローラ、インテル、テキサス・インスツルメンツ、Ｐ&Ｇ、ジョンソン・エンド・ジョンソン、３Ｍなど優良企業と言われるところは米国でも、長期雇用に基づく経営を行なっていたのだ。

リーダーの役割は、価値観を提示、共有し、ラインと本社スタッフの一体感や、企業文化を醸成し、従業員に働く意味を提供する調整役であった。リーダーは、従業員に関心を払い、彼らが何にワクワクするかを見つけだし、組織内に意図的に持続する効果を生み出すことが重要と考えられた。

この時代の代表的なリーダーの例としてＨＰのジョン・ヤングが挙げられる。創業者の後を継いでＣＥＯとなったヤングは、「HP Way」という行動指針を組織全体に浸透させることにより、共同体としての一体感を高め、企業を成長させたのである。

このようなリーダーの下、企業は、価値体系、シンボル、イデオロギー、言語、信条、儀式、伝説を共有し、強固な共同体となっていった。

このようなリーダーシップのあり方を、それまでの、権力によるリーダーシップのあり方から相当に進化したバージョンであることを示すためにリーダーシップ1.5と呼ぶ。

リーダーシップ1.5の危機

リーダーシップ1.5はそれまでの1.0および1.1時代に終わりを告げる、理想のリーダー像に思えた。しかし、競争の激化に伴い、さまざまな問題が露呈してきた。価値観を共有させ、ラインと本社の一体感を醸成するため、本社スタッフ部門は肥大化した。また、当初は有効だった価値観に基づく行動パターンが次第に形骸化していった。

ジョアン・キウーラはこのような強力な企業文化の最も大きな弊害を以下のように指摘している。「従業員が、（例えば友情のような）仕事を離れたところで育てることが可能なものまで、どんどん職場に依存するようになったことだ。その結果、職を失った瞬間、人は収入以上のものを失うことになった」（ジョアン・キウーラ『仕事の裏切り』中嶋愛訳、翔泳社）

それは、まさに日本企業において起こったことであった。護送船団方式、日本株式会社と揶揄《やゆ》されながらも、日本の高度経済成長を支えた「企業戦士」は以下のような特徴を持っていた。

・公私の区別なし
・滅私奉公、家庭を犠牲
・“One for all”だが、“All for one”ではない
・個人の目的不要、あるいは、いかにそれを組織に合わせるか
・コミットメントの行き過ぎ

八〇年代までのテレビドラマで男女関係の場面で必ず出てきた台詞《せりふ》は、「あなたは私（家族）と仕事とどっちが大切なの？」であった。男子たるもの、家庭はすべて奥さん任せにし、あるいは家庭を犠牲にしても、仕事に打ち込んだのである。

その結果、定年退職して、「さて、これからは女房とのんびり旅行でもしながら余生を送ろう」と考えていても、奥さんからは三行半《みくだりはん》を突きつけられるなどというケースが後

を絶たない。熟年離婚とまではいかないまでも、いまさら家に居場所はなく「ぬれ落ち葉」扱いをされる。部下や取引先も、飲み会やゴルフを一緒にやってくれるのは仕事関係があったからであり、定年になったとたん、誰からも誘われなくなり、愕然《がくぜん》とするのだ。

また、コミットメントの行き過ぎは、内側に向いた組織の論理がすべてにおいて優先し、時に法をも犯してしまうことがある。

たとえば、談合や粉飾決算などがそれに該当するが、当事者は私腹を肥やすためでなく、前任者から営々と引き継がれてきたことをやったまで、という認識である。それがたまたま明るみに出て「事件」となるのである。そのような事件が、企業の社会的責任＝CSR（コーポレイト・ソーシャル・レスポンシビリティー）という概念も発想も希薄だった時代には頻発した。

価値観を共有し、企業文化を作り上げていく調整型リーダーは、洋の東西を問わず非常に有効に機能した。しかし、そのような従業員に優しい企業は、次々と業績を悪化させていった。たとえば、先の『エクセレントカンパニー』にも取り上げられ、ミニコンで一世を風靡《ふうび》したDECがその代表格である。

同社は良い社風の働きやすい会社として知られ、八〇年代の全盛期には社員一〇万人を超える世界第二位のコンピュータ企業となり、日本ＤＥＣは大学生の間で働きたい外資系企業の一位にもランクされ、人気を集めた。その後急速に衰退し、コンパックに買収された。そして、そのコンパックもＨＰに買収された。

日本企業は、改めて述べるまでもなく、一九九一年のバブル崩壊後、急速にその輝きを失っていくのである。従業員に優しい企業風土が次第に、既得権益にあぐらをかき、馴れ合いや、部門間の垣根を作って内向きに働く姿勢に転化し、企業の活力をどんどん削《そ》いでいったのである。

（４）　リーダーシップ2.0――変革者（Change Management）一九九〇年代

1.5のリーダーシップが危機に瀕《ひん》するようになり、注目されたのが、変革のリーダーシップである。

このタイプのリーダーは、組織の方向性を提示し、大胆に事業領域や組織の再編を行な

図表1-4　リーダーシップ2.0——変革者

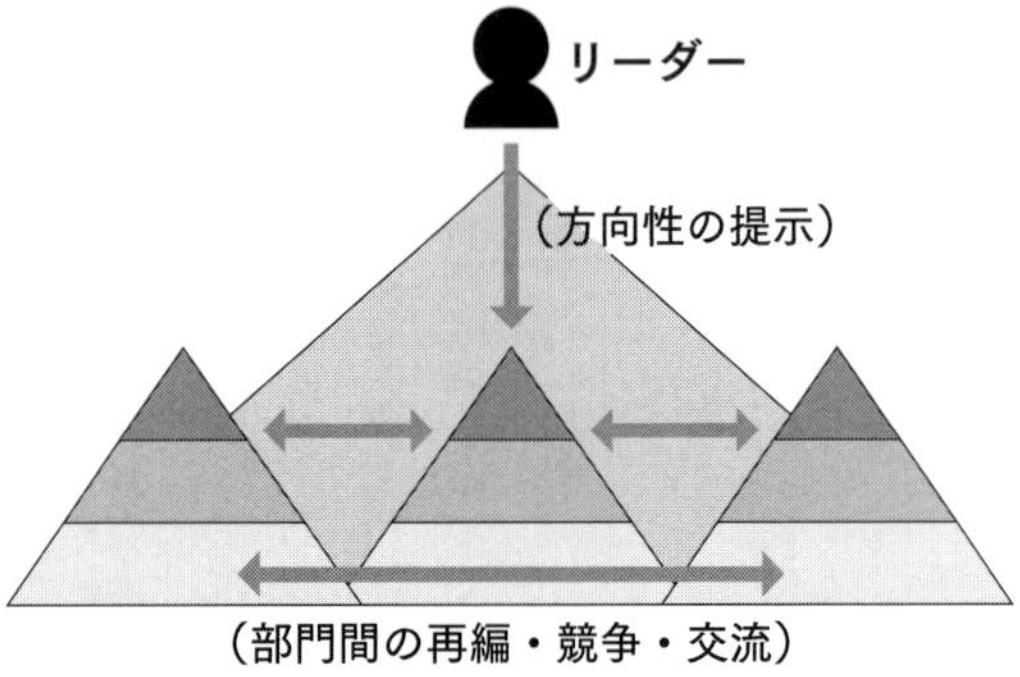

組織の方向性を大胆に提示し、部門間の再編や競争、交流を促すことで、組織を変革していく

い、競争や学習を促し、縦割りの部門間、社員間の交流、活性化により組織を変革する(図表1－4)。

こうした変革によって企業を再生させるリーダーが続々と登場するようになった。また、大胆な変革を行なうために社内外の成功事例を取り入れ、その多くは経営コンサルタントを雇い、新たな経営戦略を策定し、実行しようとしたのである。それまでの「なまぬるい」リーダーシップを否定し、毅然《きぜん》と大胆に行動するカリスマ性を持ったリーダーを、大きく進化したバージョンとして、リーダーシップ2.0と呼ぶ。

変革者ジャック・ウェルチ

その代表がＧＥのジャック・ウェルチである。

ウェルチは、工業製品の大量生産・大量販売というパラダイムからいち早く脱し、製品とサービスをバンドリングさせた新しいビジネスモデルを構築することに戦略の重点をシフトした。そして、巨大企業の持つ一元的な価値観を、ベンチャーが持つ起業家精神と創造性を重視したものに変革した。

ウェルチの戦略はさまざまに紹介されつくされており、ここでは戦略の詳細に紙幅を割くことはせず、そのリーダーシップにのみ焦点を当てて述べたい。

ジャック・ウェルチが、ＣＥＯに就任したとき、ＧＥは、社員数四一万人を抱える、官僚的で保守的な巨大企業であった。ウェルチのリーダーシップは、不確実性の高い時代に、組織のビジョンと価値観を明確に定め、組織のスリム化と経営再編成のために大胆な行動力を発揮したと言えるが、具体的には以下のような手段を断行した。

▼大規模なリストラクチャリングを実行

・明確な事業目標、企業ドメイン、事業の存続条件（ナンバー1かナンバー2の事業以外は、再建か、売却か、さもなければ閉鎖）を設定。

・その結果、五年以内に社員の四人に一人は会社を去った（一一万八〇〇〇人、うち三万七〇〇〇人は事業売却に伴い、八万一〇〇〇人は事業の生産性が低いため）。

・最初の二年間に、七一の事業と製品群を売却し、五億ドルの代金を手に入れる。買収、合併など一一八の案件をまとめ、一〇億ドル以上を使う。このため、「ニュートロン（中性子）ジャック」と恐れられた。

▼社員の選別

・社員を、A、B、Cプレーヤーにランク分け。Aプレーヤーを失うのは罪悪。彼らは、「キスしてハグして絶対に逃さないようにしなければならない」、「下位のプレーヤーは入れ替わることで組織のレベルが上がる」と明確に区別した。

・「終身雇用」は保障しない、ただし「生涯働くことができる」能力を身につけられるよう最善を尽くす、と宣言。

▼教育への投資

・就任時、ダウンサイジングと同時に、クロトンビル研修所リニューアル、フィットネスセンター、ゲストハウス、会議場建設に七五〇〇万ドル投資。取締役会で投資回収分析表に「X」（無限大）と記入。会社が頂点を目指すなら、仕事の環境にもそれが反映されていなければならない、と言い放った。

・年間研修予算一〇億ドル、しかもＲＯＩは一切問わない。

・ミシガン大学のノーエル・ティシーをクロトンビルの研修所長に招聘《しょうへい》。「クロトンビルを毎年一万人の革命家を生み出す場所にしてくれ」と指示した。

▼境界のない（バウンダリレス）低階層のフラット組織

・これを実現するために、ワークアウト（不必要な仕事を取り除く）＝管理職に意思決定を迫るプログラムを導入、徹底的に活用。官僚的体質を払拭することに成功した。

▼各部門のマネジャーをランクづけ

・五〇〇人余りのマネジャーとの直接対話の機会、育成にコミット。

ウェルチは、嫌というほど同じことを繰り返して言いつづけ、理性と感情の両方に訴えた。そして、巨艦を見事に蘇《よみがえ》らせ、一九九九年には、フォーチュン誌にて、「二十世紀最高の経営者」に選ばれたのである。

ウェルチはGEを自己変革するリーダーシップ・エンジンに変え、「誰でも」CEOになれるよう全社員を教育した。実際に、豊富な後継CEO候補を抱え、CEO人材を輩出している。元GEの社員は市場価値が高く、他社で活躍する人材が豊富にいる。まさに「人材輩出企業」となった。

ウェルチは、自著で人材の育成こそ自分が成し遂げた最も大きい功績であり、「ピープル・ジャック」と呼んでほしい、と述べている。

ウェルチ以外にもこの時代のアメリカには、IBMのルイス・ガースナー、HPのカーリー・フィオリーナ、マイクロソフトのビル・ゲイツ、アップルのスティーブ・ジョブズなど錚々《そうそう》たるカリスマリーダーたちがいる。

リーダーシップ2.0の危機

そのようなカリスマ型リーダーに特徴的な傾向がある。それは、権限集中、トップダウン、経験に裏打ちされた明確な解答を持っている、精緻なデータや事実に基づいて的確に判断を下すといったことだ。

カリスマ型の強いリーダーにも、その強さゆえのリスクが当然伴う。たとえば、個人の力量に依存するところが大きいため、組織が個人の器を越えられない。リーダーがビジョンや戦略を与え、自社内の成功事例から、徹底的な既存知識の共有と活用をするが、新しいビジネスモデルが創造しにくく、破壊的イノベーションには対応しにくい。クレイトン・クリステンセンは著書『イノベーションのジレンマ』の中で、「存在しない市場は分析できない」と述べている。

また、救世主願望が強く過剰に期待を寄せるため、社員が受け身になる、（現場で意思決定できないため）意思決定のスピードが遅くなる。そのため、ネットワーク、イノベーション、知識・知恵の創造には適さない。

九〇年代のリーダーシップのキーワードは、「集団学習」であるが、心理学者でMIT

名誉教授のエドガー・シャインは、「集団学習のプロセスには強制が介入する」ことを示し、ウェルチはGEの価値観、目標を絶対視させた「GE『教化』センター」と指摘している（エドガーH・シャイン「学習の心理学」、『DIAMONDハーバード・ビジネス・レビュー』二〇〇三年三月号）。

こうしたリスクがあるため、事業環境が大きく変化し、トップが必ずしも答えを持っていないような状況では、カリスマであるがゆえに企業をミスリードすることが多々ある。実際に、多くの企業が事業運営に失敗した。このようなスタイルは、ネットワークが広がり至る所でビジネスが創造される環境では十分な競争力となり得ないのである。

また、そこに戦略コンサルタントも大きな影響を及ぼしている。かつて、日本の企業運営に「戦略」という言葉はなかった。それを広く認知させるきっかけが、ハーバード大学教授マイケル・ポーターの『競争優位の戦略』であった。

そして、実際に企業トップが、企業の戦略という本来自らが考えなければいけないことを委託したのが、マッキンゼーやボストンコンサルティンググループなどの経営コンサルティング会社であった。

大手日本企業は、こぞって経営コンサルティング会社に頼った。しかし、いくら優秀なコンサルタントであっても、そうそう画期的な戦略提案をできるわけではなく、また、どのコンサルティング会社に頼んでも、それほど違う提案が出てくることはない。

なぜなら、皆同じように優秀なコンサルタントが、皆同じような分析のフレームワークを用いて戦略を立案するからである。そうして、どの会社も結果として同じような戦略を採用していったのである。

その結果、差別化を追求したはずが、戦略・戦術の同質化を招いた。どの会社も似たような戦略を取っていることは、簡単に見分けがつく。それは、売り上げの規模は異なっていても、似たような収益構造（営業利益率）になっているからである。かつての電機メーカーがその典型である。プレーヤーも多すぎ、そして需要低迷とともに、共倒れを招いた。

そのような中、「チェンジ」「チャレンジ」「イノベーション」「トランスフォーメーション」「自転車は漕ぎつづけないと倒れる」と煽《あお》り立てるリーダーの存在や、組織の一体化や革新への過剰な圧力を感じ、人々は心理的に疲労していったのである。

日本におけるチェンジ・リーダーの代表・出井伸之

さて、我が国で九〇年代の代表的なチェンジ・リーダーと言えば、ソニーの出井伸之《いでいのぶゆき》元CEOがその筆頭に挙がるであろう。「リ・ジェネレーション（第2創業）」、「デジタル・ドリーム・キッズ」などのビジョンを掲げて、「デジタル時代の国際標準規格を提唱したい」と語り、マスコミにも頻繁《ひんぱん》に登場し、一躍時代の寵児《ちょうじ》となった。

同社は、商法改正により可能となった委員会等設置会社にいち早く移行し、社外取締役を招き、執行役員制度を用い、米国流のコーポレートガバナンス（企業統治）を取り入れた経営へと大胆な変革を行なった。EVA（経済付加価値）による利益管理、生産部門を子会社化してコストを下げる仕組みを作り、これらの次々と行なわれる施策は「出井改革」と呼ばれ、当初は賞賛を浴びた。

しかし、次第にその輝きは失われていく。現場や詳しい社内事情を知らない、社外取締役が意思決定を行なう経営手法は、会社の方向性を誤らせてしまったという反省が当時の関係者からも指摘されるようになった。伝統的なものづくりの強みから、コンテンツ重視への戦略の傾倒が会社の強みを奪っていった結果、大幅赤字となり方向転換を迫られるようになった。

当時取締役会議長であり、出井改革の理論的支柱でもあった経済学者の中谷巌《なかたにいわお》氏（一橋大学名誉教授）は、当時の経営手法を、現在では『合理的な失敗』と呼んでいる。

「例えば経営を監督と執行に分ける執行役員制度は理論的には正しいが、監督役の取締役は『2カ月に1回集まって100億～200億円の投資の是非を1件につき15分で決めていた』」

「14人抜きでソニー初のサラリーマン経営者になった出井は、創業世代と同じ求心力を持つため、常に「演出」と「改革」を必要とした。中谷はそれを『デコレーション（装飾）』と呼ぶ」（日本経済新聞二〇一二年一〇月五日朝刊）

当時、同社の経営手法の理論的な支柱であるばかりか、取締役会議長を務めた人からそのように評価されるのはいささか気の毒であるが、いずれにしても出井氏が変革者になり得なかったのは事実として残る。

一方、日産を再生させたカルロス・ゴーン氏は間違いなくチェンジ・リーダーであるが、残念ながら日本人ではなく、また支援を受けたルノーから送り込まれた「よそ者」であり、過去のしがらみにとらわれることなく変革を行なえたという見方ができる。

日本人は変革のリーダーに向かないか

それ以外に日本における変革者と呼べるリーダーは、松下電器産業（現パナソニック）の中村邦夫《なかむらくにお》であろう。中村邦夫を描いた著作の書名『中村邦夫「幸之助神話」を壊した男』（森一夫著、日経ビジネス人文庫）にもなっているように、同社を、創造と破壊によって「経営理念以外すべて変える」と宣言し、実行した。

偉大なカリスマに依存する会社から一人ひとりが主役となる新しい会社を指向し、「事業部制主導、経理管理経営」から「グローバル連結経営」への転換を図った。実際、松下通信工業、九州松下、松下精工、松下寿電子工業を上場廃止・完全子会社化し、松下電工をTOBにより子会社化するなど、次々と大胆な策を打った。また、歴代社長が誰も手を付けられなかった創業家とゆかりの深い旧松下興産の清算も行なった。

中村邦夫のスタイルもまた米国流であった。米国企業の再生を目の当たりにし、社長就任直後から、明確な構想を持ち、その手法をふんだんに取り入れた。

たとえば、ジェームズ・C・コリンズとジェリー・I・ポラスの『ビジョナリー・カンパニー』を原書でいち早く読んでいたことが知られており、それが前述の「経営理念以外すべて変える」という発想になったことは想像に難くない。

それ以外には、第一期社長時代のキヤノンの御手洗冨士夫《みたらいふじお》も挙げられると思う。御手洗は、いとこの肇《はじめ》の急死を受け急遽《きゅうきょ》社長に就任したが、着任早々大胆な変革を行なった。

キャッシュフロー経営を取り入れて財務体質の強化を図り、選択と集中により大胆に事業の再編を行なった。また、「終身雇用の実力主義」を掲げ、終身雇用により共同体意識の結束力を引き出す日本的経営と、個々人の力を引き出す米国的成果主義を両立させる独自の経営手法を実践した。

注目したいことは、中村は米国駐在が一一年、御手洗に至っては二三年と、米経営者との交流も多く、ともに米国のチェンジ・リーダーたちを間近に見、自らのものとして吸収、消化していたという共通点である。

トヨタの奥田碩《おくだひろし》、日立の庄山悦彦《しょうやまえつひこ》なども変革のリーダーであるが、それ以外、九〇年代に目立った日本人のチェンジ・リーダーが少ないということは、日本人は、そして特に生《は》え抜《ぬ》きのリーダーは、変革のリーダーになりにくいのではないか、というのは穿《うが》った見方であろうか。

（5） 組織の成長とリーダーシップの変化の関係

グライナー「組織の成長 五段階説」とは

ハーバード大学のラリー・グライナー教授は、組織の成長は比較的穏やかな進化の時期と、その後に危機に見舞われる革命の時期を繰り返して成長していくことを明らかにした。各段階には必ず「成長」と「危機」という二つの側面が同居している。これが有名な「組織の成長 五段階説」で、それは以下のような要旨である（図表1－5）。

第一段階

〈創造性による成長〉

起業して間もない会社は創業者がスタッフに対し非公式で頻繁なコミュニケーションを

図表1-5　グライナーの「組織の成長 五段階説」

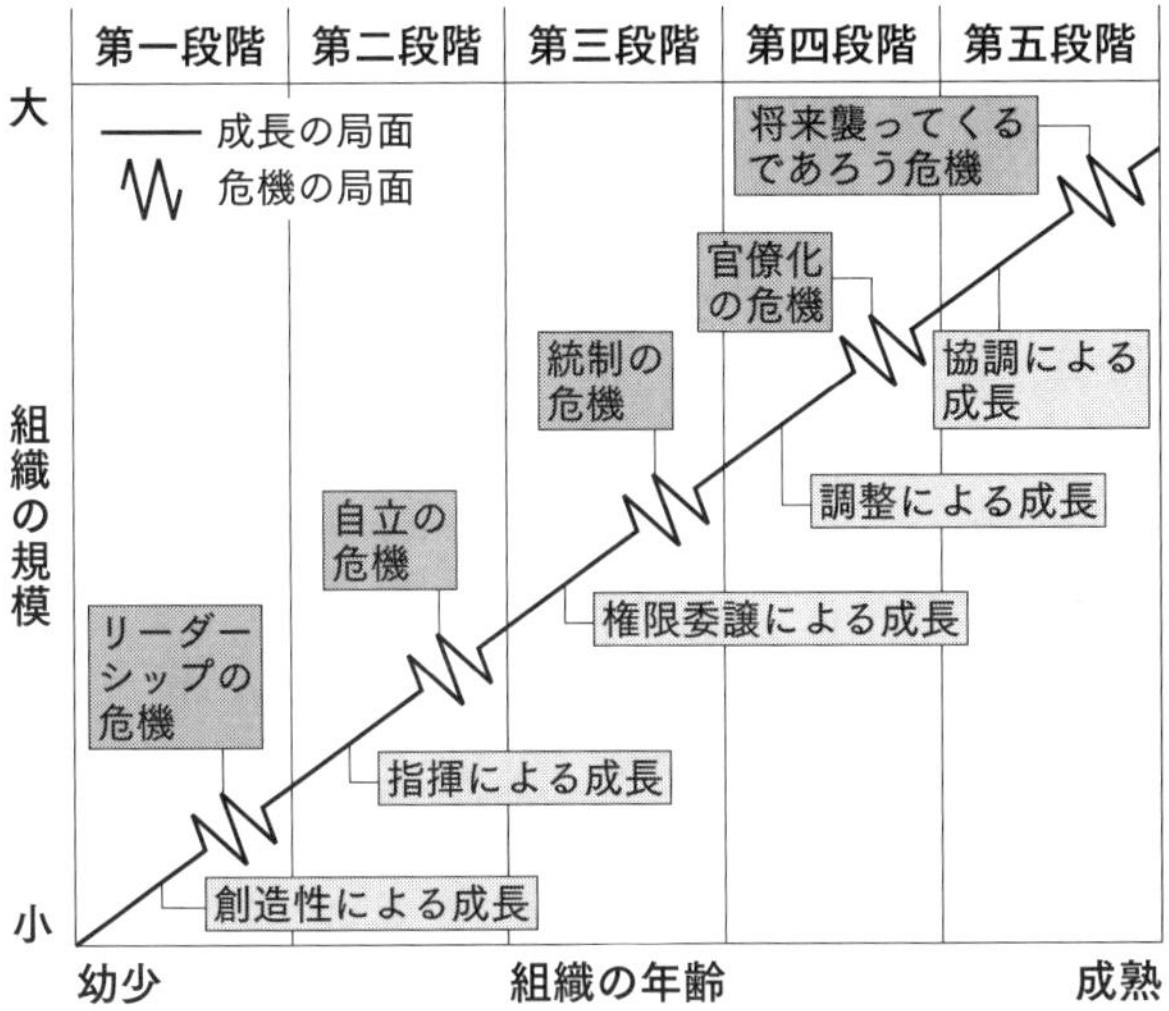

出典：ラリー・グライナー「成長する組織の進化と革命」
(Harvard Business Review1972.July-August)より

図り運営される。管理業務は放棄し、「モノ作り」と「営業」に全エネルギーを集中する。

〈リーダーシップの危機〉

組織の拡大により創造性とエネルギーだけでは会社の運営が不可能になる。商品や愛着やロイヤリティだけではスタッフを動機づけできなくなる。

第二段階

〈指揮による成長〉

有能なマネジャーを創業者に代わってトップに据えることにより危機を乗り切る。管理会計や組織管理制度を導入。制度が確立し、公式なルートを使ったコミュニケーションが一般化する。

〈自立の危機〉

スタッフは中央集権的なシステムに制約を感じるようになる。トップよりも直接市場や商品の知識を身につけるようになり、会社の手続きと自分の成長の板ばさみになる。

第三段階

〈権限委譲による成長〉

現場や現場責任者は大幅な権限を与えられる。マネジャーは刺激を与えられ動機づけになる。

〈統制の危機〉

現場責任者とトップとのコミュニケーションは疎遠になる。自立したマネジャーは他の組織と調整することなくワンマンに振舞う。トップは再び中央集権を企《くわだ》てるが、すでに業務が多角化し広範囲にわたるため失敗する。

第四段階

〈調整による成長〉

分権化された部門をビジネス・ユニットにまとめる。公式の計画プロセスが確立され、全社的な統一プログラムが導入される。企画スタッフが大幅に増員される。

〈官僚化の危機〉

現場スタッフと本部スタッフの信頼関係が欠如する。複雑な手続き、公式のプログラムにより大企業病に陥る。

第五段階

〈協調による成長〉

チームワークと個人間の協調による任意性を強調。タスクフォース、グループ活動が盛んに取り入れられる。本社スタッフは減らされるとともに、各層管理者に対してコーチ的役割を担う。主要な問題に絞ったトップマネジメントの頻繁な会議が開催される。

〈将来襲ってくるであろう危機〉

チーム活動の緊張感と革新的解決の重圧により、ストレスがかかる。

一九七二年に「予言」されていたリーダーシップの変化

以上は、言うまでもなく、一つの組織が年齢を重ね、規模を大きくしていく過程で必ず通過すべき成長のプロセスを示したものであり、リーダーシップの変遷について述べたものではない。しかし、改めて見直してみると、上述したリーダーシップの変遷の推移と同期していることに驚くのである。グライナーの言う五段階になぞらえて、リーダシップの変化を見ていくと以下のようになる。

第一段階

集落やコミュニティが形成され、お互いに共通の目的を持ち、頻繁にコミュニケーションを取っている段階。組織という概念がまだ形成されておらず、リーダーシップがないか、あっても、たとえば長老のような存在であり、極めてプリミティブなものである。リーダーシップの必要性が認識されるようになる。

第二段階

組織を構成し、指揮命令によって配下の人々（フォロワー）を率いる。企業で言えば組織化の段階で、中央集権的であり、製品は標準化され効率化が追求される。給与を支払い、そしてそれを増額することでフォロワーの忠誠心や動機付けに働きかけようとする。

これが、リーダーシップ1.0に該当する。

第三段階

組織が大きくなり、市場のニーズを理解する現場が力を持つようになり、権限を委譲して分権的なやり方を指向するようになる。事業部を設置するなどして責任を持たせ、報告を受けるような仕組みを取る。業績により個人の賞与に反映されるような制度を取り入れる。これが、リーダーシップ1.1に該当する。

第四段階

分権され、力を持った事業部は、次第にその中で権力構造を持つようになり、縦割りが強化され、全社的な統一感が薄れる。そのため、共通の価値を持つべく、調整していくようになる。計画と予算管理を徹底するため、重要な役目を果たすのが各部門に配したスタッフであり、経営企画など、本社のスタッフ部門は肥大化する。これが、リーダーシップ1.5に該当する。

第五段階

問題解決と革新のため、プロジェクトやタスクフォースの活動が盛んに取り入れられ、組織の活性化と変革が指向される。トップマネジメントの頻繁な会議が行なわれる。これが、リーダーシップ2.0に該当する。

言葉の使い方や細部で当てはまらない部分も若干あるが、概念とその時々の段階で指向するものや運営のプロセスは、驚くほど合致するのである。

そして、グライナーは、第五段階に将来襲ってくる危機として、「チーム活動の緊張感と革新的解決の重圧により、ストレスが重くなる」と述べているのである。

これは、まさに「リーダーシップ2.0の危機」の項で記述した、チェンジ・リーダーのもと「プロジェクト・ベースで相互に競争する学習しあう組織」に疲弊した人々を示している。この論文が書かれたのが、一九七二年のことであるから、将来襲ってくる危機を「予言」しているのだ。まさに慧眼《けいがん》というべきであろう。

そして、グライナー教授は、三つの注意点を挙げている。

1. 今、発展段階のどこにいるかを知りなさい
2. 解決策は限られている。後戻りできないし、焦って成長段階を飛び越えることもできない
3. 解決策は新しい問題点を孕《はら》んでいる

組織について述べたものであるが、また非常に示唆的である。いったん成長段階を進んでしまった組織は元には戻れない。同様に、リーダーシップの進化、成熟を経験した組織はやはり元には戻れないのではないだろうか。

我田引水と思われるかもしれないが、だからこそ次の新しい段階である、リーダーシップ3.0が必要だと考える理由である。

（６）リーダーシップとマネジメントの違い

さて、ここでそもそもリーダーとマネジャー、リーダーシップ機能とマネジメント機能の違いは何か、を明らかにしておきたい。南カリフォルニア大学のウォレン・ベニス教授とハーバード大学のジョン・コッターという二人のリーダーシップの泰斗の定義をまとめたものを見ていただこう（図表１－６）。

マネジャーとは、組織上の役割、すなわちフォーマルな階層に基づいて機能するものである。管理スパンは短期であり、より上位者からの指示を受け、計画を立て、予算化し、下位に指示することで問題を解決する。その役割をいつ、どのように、ということを主眼に、滞《とどこお》りなく行なうことで目的を達成する。端的に言えば、社長、事業部長、部長、課長というような組織上の役職をこなすということだ。

一方、リーダーとは、あくまでも個人の固有名詞で機能するものである。したがって、どんなに偉い地位に就いていても、周りがその人を信頼して付き従わなければ、決して目的を達成することはない。すなわち、インフォーマルな人間関係に依存する。

長期的な視点で、何をやるか、それはなぜか、を考えるところから始めるため、結果的に上司や前任者がやってきたことを変革するということも必要になるのである。方向性を示し、メンバーたちを鼓舞して巻き込んでいく必要があり、それは役職ではなく、あくまでも個人、その人の存在そのものに根ざすものである。

したがって、コッターは、次のように結論付けている。変革を成功に導くのはリーダーシップであり、マネジメントではない。マネジメントとリーダーシップを同義と考える人は、変革をマネジメントの手法で推進しようとし、コントロールしようとする。これでは、変革を乗り切ることはできない、と。

ウォーレン・ベニスによれば、ピーター・ドラッカーも、同様に以下のように定義している。

マネジャー：物事を正しく行なう（How が課題）

リーダー：正しいことを行なう（What が課題）

図表1-6　マネジャーとリーダーの違い

マネジャー	リーダー
・処理する	・革新する
・維持する	・開発する
・システムと組織構造に注目	・人に注目
・統制に依存する	・信頼を築く
・短期的視点	・長期的展望
・いつ、どのように	・なぜ、何を
・何かのコピー	・自分のオリジナル
・現状に甘んじる	・現状に挑戦する
・古典的な良き兵士	・自分自身という個人

（ウォレン・ベニスおよびジョン・コッターによる定義をまとめたもの）

マネジャー	リーダー
➡ 物事を正しく行なう Howが課題	➡ 正しいことを行なう Whatが課題

（ピーター・ドラッカーの定義による）

リーダーとは、組織、社会を正しい方向に導く存在である。昨日の正解が、今日の正解とは限らない。正しいかどうかは時とともに変化するから。始めたときは正しいことでも、今はどうか、を常に考えていなければならない。もしNOならば、勇気を持って、リスクを背負って方向転換することが求められる。それがリーダーということではないか。

第2章

リーダーシップ3.0とは何か

（1）リーダーシップ3.0が生まれた背景

事業環境の変化

リーダーシップ3.0について述べる前に、背景に流れる今世紀に入ってからの事業を取り巻く環境の変化、そしてリーダーシップのあり方に大きな影響を与えた三つの未曾有《みぞう》の出来事に触れておきたい。

今世紀に入り、事業を取り巻く環境はかつてないほど大きく変化し、企業はさまざまな圧力を受けている。

たとえば、インターネットの発達により、多くの情報を持つようになった消費者の購買行動が変化した。環境保護の強化により、企業は原料やリサイクルにまで気を遣う必要が生じている。さらには、外資の参入、事業売却・買収の日常化など、枚挙にいとまがない。

これらの圧力により、企業は従来の儲かる仕組みであるビジネスモデルをそのまま続けても、事業は成り立たなくなってしまったのである。

経験、過去の成功事例では対応できない。仕組みそのものを変化させる必要がある。企業トップの最大の課題は、いかに新しいビジネスモデルを作るか、ということに尽きる。

それには、以下のことが必要になる。

1　アンラーニング（学習棄却）……大企業思考・成功体験の否定
2　ベンチャー思考……創造性を発揮し、リスクを取る
3　非連続性の発想……ジャンプ、クォンタム・リープ（量子的飛翔）

しかし、成功した企業ほど、過去を否定することはできない。また、企業のトップは、過去のビジネスモデルの成功者であり、だからこそトップに上り詰めたのである。したがって、過去のビジネスモデルを否定することは非常に困難が伴う。実際、どれだけ多くの大企業が事業撤退や、事業転換の判断が遅れ、凋落《ちょうらく》しているか。それは、現在は家電業界の各社において顕著である。

トップが、新しいビジネスモデルを描けず、どうすべきかという正解を持てないという

ことは、顧客により近い現場のリーダーに権限を渡し、トップは彼らを支援し、組織を彼らが活躍できるような場にするということが自ずと必要になる。それは、従来のリーダーシップのあり方とは根本的に異なるものである。

9・11がリーダーシップに与えた影響

加えて、今世紀に入ってから我々の生き方にまで影響を与えるような衝撃的な出来事が相次いで起こった。それは当然リーダーシップのあり方に多大な影響を与えたのである。

二〇〇一年にアメリカで起こった同時多発テロ事件は、まさに前代未聞であり、その衝撃に世界中が言葉を失った。これをきっかけに、アメリカはアフガニスタン紛争、イラク戦争へと向かっていった。

アメリカは正義を掲げ、イラクのサダム・フセインや、タリバーンのウサーマ・ビン＝ラーディンを徹底的に追いつめ、力ずくで葬《ほうむ》った。ジョージ・W・ブッシュ大統領は、終始強気の姿勢を崩さず、「聖戦」を率《ひき》いる強いリーダーを押し通した。

アメリカ国内では、もちろん賞賛の嵐であったが、同時に知識層を中心に必ずしもそれが正しいやり方なのかという疑問も提示されていた。一方、第三国の立場からすると、テロという卑劣な手段は絶対に許されるものではないが、たとえばイスラム原理主義者側にも彼らの正義があるのであり、すなわち絶対的な「正義」というものはないのだと考えてしまう。

あくまで相手を力でねじ伏せようという、執拗《しつよう》なまでのブッシュ大統領の姿勢にむしろ、大いなる違和感を覚えた人は多かったはずだ。それは、兵力／権力をもって相手を制するというリーダーシップが完全に時代とは合わなくなっていたということではないか。

このように９・11では一瞬で多くの尊い命が失われ、私たちは一体何のために働いているのか、そして、何のために生きているのか、ということをアメリカ国民のみならず、世界中の人が考えるきっかけになったのである。

アップルも気付いていなかった「信頼」の大切さ

もちろん同時多発テロだけがその要因ではないが、その頃から、アメリカ企業の社員に対する接し方が大きく転換していった。それは、会社―社員は対等の関係であり、相互信頼関係なしには成り立たないことへの気付き、である。

たとえば、それまではトップ二〇%の人材と信頼関係を作っていればよく、下位の人材は入れ替えればよいという考え方が主流であったが、全社員に対して注目する必要があるという認識がなされるようになってきた。また、「ジョブ・セキュリティ（雇用の保障）」から「"Freedom from worries"（安心して働ける）」へ意識が向いてきたのだ。

日本では労働基準法で解雇要件は厳しく規定されているのに対し、米国ではレイオフ（一時解雇）が容易に実施できる。

たとえば、私がアップルに所属して人事を担当していた際に、（今のアップルからは想像もできないが）業績の悪化に伴い、大規模な人員削減が行なわれた。日本も例外ではなく、人事部門長としてその対応に当たった。

まず希望退職を募《つの》り、その後管理職に働きかけ、とくに報酬の高い上級管理職から退職をしてもらうことによって、できるだけ少ない人数の削減により人件費を下げた。そのために、本部長クラスは全員説得して辞めてもらい、最後は自分自身を首にすることによって、必要とされるレベルまで人件費を圧縮することにしたのだった。

一方、本社ではレイオフが行なわれたが、次のようなやり方だった。

「Xデー」に大量のレイオフが行なわれるらしいという噂《うわさ》が流れる。皆それが気になって、不安になり、とても仕事どころではなくなる。しかし、上司もどうなっているか分からないというし、経営幹部からはなんの説明もない。そして、ついにXデーがやってくる。朝出社すると、レイオフの対象者の机の上にはピンクシートが置いてある。そこには、「あなたは、レイオフの対象となりました。ついては、外部の○○に連絡して、退職の条件の説明を受けた上で、速やかに退職の手続きを取ってください。なお、私物は一週間以内に撤去してください。以上」。

これが、ブランドや製品に対してロイヤリティを持ち今日まで働いてきた人間に対する対応なのか！　と皆憤《いきどお》りを覚える。そして、当時は直接のライバル企業だった、マイクロソフトに転職して徹底的にアップル潰《つぶ》しをしよう、少なくとももう一生アップル製品は使わない、と心に誓うのだ。

このようなことをやるのは、まったく得策ではないということは、もちろんアップルだけでなく、シリコンバレーのように人材の入れ替わりの激しい会社も気付いた。つまり、在職中から社員を子供扱いするのではなく、対等なパートナー、あるいは社内顧客として扱うということだ。

子供扱いだと、どうせ末端の社員に言っても分からないから、間際まで黙っておく、というようになる。しかし、大人扱いするということは、大人同士、真実をできるだけ早く伝えるということが必要になる。

たとえば、人員削減、事業売却、他企業との合併などは社員のキャリアに大きく関わることで、当然、自身がどうするか考えたり、次に備えて準備したりする時間や機会が必要になる。もちろん、M&Aなどのプロセスでは情報の機密保持が求められるが、可能な範囲でできるだけ早く社員に伝えるということが重要だ、ということだ。

真実を伝えるということは、信頼を築く上で最も重要なことである。真実を隠していたということが発覚したときに、人は裏切られたと感じるのである。

たとえ、レイオフの対象になったとしても、その前に会社の状況が十分に共有されており、また社内転職の可能性やそのための研修が用意されていたり、アウトプレースメント（再就職支援）会社と契約し、転職のための支援をするなど、会社として社員に誠意を尽くすことはできるはずである。

そうすれば、たとえ辞めることになっても、会社に恨みを抱くことはなくなる。アップルの場合は、引き続き製品のファンであり、エバンジェリスト（伝道者）でありつづけるのである。その方がお互いに得策であるということに気がついたのだ。このように社員を大人として扱うというように、社内コミュニケーションは変化していったのである。

前出の『エクセレントカンパニー』の共著者で、マッキンゼー出身、コンサルタントの中でもグルと呼ばれているトーマス・ピーターズは、以前聴いた講演で次のように述べていた。「リーダーシップという複雑な概念を一言で言い表わすのは難しいが、強いて言えば、それは『信頼』である。

背景には、エネルギー危機や、高失業率、環境問題などが差し迫った問題として意識されてきたということもある。豊かさとは何か、ということを人々は真剣に考えだしたのだ。そして、数字や結果だけではなく、心、精神性へ重点がシフトしていくのである。

「コミットメント」から「エンゲージメント」へ

この頃から言われるようになったことが、「コミットメント」から「エンゲージメント」へということである。目標を達成するという義務が生じる「約束」よりも、お互いに向き合うことにより結ばれる「絆《きずな》」に、重点がよりシフトしていった。そして、言うまでもなく、後にこの絆という言葉は、その後、時代のキーワードになっていくのである。

アメリカ企業はヘンリー・フォードの時代からの流れで、伝統的に人材マネジメントは次のように考えられてきた。役割、ジョブを明確に規定し、それを行なうためにはどのようなスキルが必要か、というものである。

そこでは属人性は排除された。それは、人種や男女、年齢差別の撤廃ということも強く関係している。これらの属人的な要件を加味することは、すなわち差別につながるため、そのポジションを誰がやっても成果が上げられるような要件を明確にし、そのポジションに就く人は、誰であっても同じ報酬を得られるというようにしたのである。

しかし、その後八〇年代にハーバード大学のデビッド・マクレランドらが提示した「コンピテンシー」（ある仕事を行なう際に、高い成果を上げる人に共通に観察される指向・行動特性）

という考え方が人材評価の中心になっている。いまではアメリカのみならず、それを九〇年代後半以降に熱心に「輸入」した日本企業においても、この考え方が中心となっている。

高業績者には、単にスキルや知識があるだけでなく、「良好な対人関係の構築力」「高い感受性」「信念の強さ」など複数の特性がみられるとの結論が、コンピテンシー理論の基礎となっている。つまり、コンピテンシーは、人間を機械と見なすのではなく、いわゆる「人間力」を重視しているのである。

コンピテンシーは、日本的人事評価の徹底分析から生まれたということが知られている。八〇年代までの日本的経営の成功は、チームを指向し、自分の仕事の役割や範囲、そして必要なスキルは明確には規定されていないため、組織の穴を埋めるような働き方、他者への気配り配慮、コミュニケーションの仕方、部下の育成、などが重視されていた。

これらを系統立ててまとめたものがコンピテンシーである。したがって、日本企業は自分たちについてアメリカ側が研究し、まとめたものをありがたがって「逆輸入」しているとも言えるのである。

リーマンショックと金儲け主義のリーダーへの嫌悪感

一方、アメリカの金融システムはデリバティブ（派生商品）を次々と生み出し、高度に発展しつづけていた。

ちなみに私が留学していた時期は、八九〜九一年で、まさに日本のバブルの崩壊前夜のお祭り騒ぎと言ってもよい状態であり、アメリカでも金融全盛時代であった。九〇年にサマー・インターンとして、ニューヨークと東京の投資銀行（インベストメント・バンク）で働いたが、まさにバブルで、年収数億円プレーヤーが多数おり、社内は派手な雰囲気で、我々インターン生も毎日昼夜問わず高級店での会食に連れていってもらった記憶がある。

ファイナンスの授業では、さまざまな金融の仕組みやそこから生み出される金融商品の理論的な裏付けを教えられたが、劣等生の私には一向に理解できなかった。数字がすべてであり、お金が世の中を動かしているという確信に基づいた教育がなされていると感じた。

そして、そんな金融システムは、いつしか誰もコントロールできない状態になっていったのだ。二〇〇七年のサブプライムローン危機による米国住宅バブルの崩壊に直接の端を発しているが、背景には上述のようなものがあった。二〇〇八年、投資銀行の名門リーマン・ブラザーズは破綻し、それがアメリカ経済に対する不安となって広がり、世界的な金融危機となった。

また、二〇〇一年のエンロン事件、二〇〇二年のワールドコム事件、という不正会計とそれに伴う巨大企業破綻を契機に、CSR（Corporate Social Responsibility＝企業の社会的責任）が、強く求められるようになった。その後、日本でもライブドア事件や、村上《むらかみ》ファンド事件が起こり、大量の株式を買い集め「会社は株主のものである」、という主張に違和感を覚える人たちが増えていった。

また、人は働くためだけに生きているのではなく、働きながら私生活も充実させられるように職場や社会環境を整えようとする、「WLB」（ワークライフバランス＝仕事と生活の調和）意識の高まりも九〇年代に米国で提唱されて以来、日本でも政府の取り組みもあり急速に広がった。

このような背景から、ただ単に金儲けを主導するだけのリーダーに対して、さまざまなステークホルダーは拒否反応を示すようになったのだった。

ステークホルダーとは、株主だけでなく、顧客、従業員、取引先、地域社会、そして地方自治体や国、社会全体をも指す。企業が活動するということは、実にさまざまなステークホルダーたちとの影響を考慮せずには成り立たないという認識が一般的になったのである。

そうすると、組織を率いるリーダーは、地球にとって良いことを行なう、正しいことを行なうという観点から評価をされるようになる。それには、自身の使命感や哲学、信念を持ち、それを内外に向けて表明し、また自身の行動で示していくことが必要になるのだ。そうでなければ、フォロワーが付き従わなくなったのである。

世界賢人会議「ブダペストクラブ」の創始者・会長である、アーヴィン・ラズロは、著書"World Shift"の中で「持続不可能な対立・不調和な道から、持続可能な人と人、人と自然の調和への道」へのシフトの必要性を訴えている。

巨大地震災害がリーダーシップに与えた影響

そして、このような流れを決定的にする未曾有のことが起こったのである。言うまでもなく、二〇一一年の東日本大震災とそれに伴う原子力発電所事故である。

ここで多くの紙幅を割くことはできないので、リーダーシップに絞って述べると、大きく分けてネガティブな影響とポジティブな影響を与えた。

ネガティブな影響としては、まず首相や政府のリーダーシップに対する失望である。緊急時最も発揮しなければならないリーダーシップは決断と行動であるが、刻々と送られる映像に映された首相と担当大臣の姿から、彼らにまったくそれがないことを国民は知らされた。

そして、同時に、政府、委員会、電力会社の経営者など既存権力や識者に対する信頼の崩壊である。彼らが、いかに説明責任を果たしていなかったか、そして、説明できないかということを思い知らされたのである。国民は、「どうせ素人には言っても分からないだろう」という子供扱いを受けていた、そのことに今回の原発事故を通じて嫌というほど気付かされたのである。

一方で、ポジティブな影響も与えた。まず、発電所事故直後からの、自衛隊、機動隊、消防隊の危険を賭《と》しての献身的な奉仕活動におけるリーダーシップであった。事故を起こした発電所近くに留まって、指揮を執りつづける電力会社社員のリーダーシップもまた献身的であった。

　さらに、被災地における無数のコミュニティ・リーダーの存在もある。これも映像でさまざまな被災地の避難所の様子が刻々と伝えられた。自身も被災されているにもかかわらず、現地で精力的に活動する姿は多くの感動を与えた。また、震災後間もない頃から駆けつけた、若者を中心とする多くのボランティアの存在も同様である。

　そして、これらのリーダーたちと被災された方たちの、他者への配慮、秩序、忍耐、謙譲、献身などは海外メディアにも盛んに取り上げられ、賞賛され、逆にそこから我々は日本人の素晴らしい特質を再認識したのであった。

　二十一世紀に入ってから、このように従来のリーダーシップに対する概念に大きな影響を与えた事件が次々と起こったのである。

（２）リーダーシップ3.0――支援者（Value Creation）二〇〇一年～

このような背景の下、二十一世紀に必要とされる新しいリーダーシップの形、それをリーダーシップ3.0と呼ぶことにしたい（図表２－１）。

リーダーシップ3.0のイメージとして、最も分かりやすいのが、それまでの階層型（ヒエラルキー）組織を逆転して、逆ピラミッドの最も下にリーダーがいて支えるというものであろう。実際に第３章では、逆ピラミッドを意識してリーダーシップを発揮している3.0のリーダーの例を紹介している。

一方で、3.0のリーダーは、必ずしもヒエラルキーのボトムにいるということが必要なわけでもない。

組織全体に働きかけ、ミッションやビジョンを共有し、コミュニティ意識を涵養《かんよう》する。と同時に個人個人とも向き合い、オープンにコミュニケーションを取り、働きかけて、組織や個人の主体性、自律性を引き出す。組織全体をそのような「場」として整えるのである。

図表2-1　リーダーシップ3.0——支援者

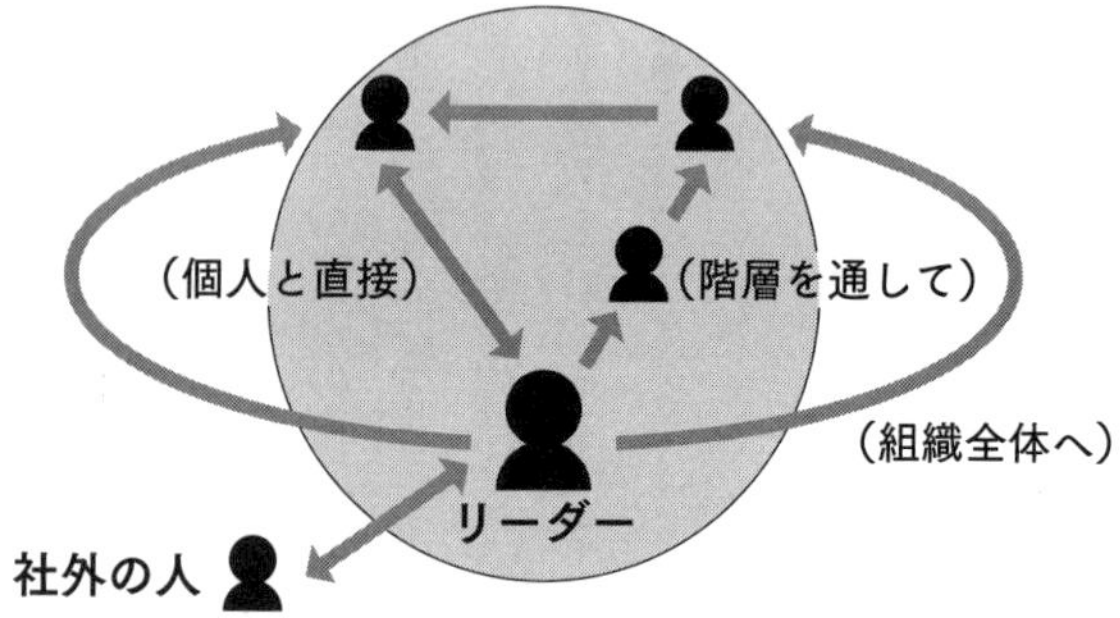

組織全体にビジョンを共有させると同時に、社内外の人とコミュニケーションを取る（直接／組織階層を通して）ことで、支援する役割を果たす

コミュニケーションは、組織の階層を通じて行なうこともあれば、直接現場の担当者に対して行なうこともある。また、そのコミュニケーションの対象は必ずしも社内に限らず、社外の参画意識を持った人々とのコラボレーションも促す。このようにして組織や組織内外の人々に対して、支援することによってリーダーシップを発揮するのだ。

今世紀に入り、いかに新しいビジネスモデルを創出するか、すなわちいかに新しい価値創造（Value Creation）をするかというのが、企業が生き残るための鍵となった。組織全体の価値創出のために個人の最大の力を引き出し、目標達成に向けて一体となれる組織が実現された時に、優れたパフォーマンスを発揮することが可能になる。それは、個人個人が自律的に動く時に初めて可能になる。そのような自律を引き出すには、リーダーは「支援する」ことが必要になる。

支援者（Supporter）としてのリーダーは、ミッションを持ち、その使命感を持って事業創造を行なうのだが、リーダー本人が必ずしも答えを持っているわけではない。

現代は素晴らしいテクノロジーが開発され、それを使った製品やサービスを提供すればビジネスが創造されるという時代ではない。たとえ、それが上手くいったとしても、すぐに真似をされてしまうであろう。

有能な人の英知を集め、既存の技術や知識を用い、試行錯誤を繰り返すことによって初めて、新しい価値を生むことができるのである。そのような「場」や「仕掛けづくり」がリーダーの役割となる。したがって、リーダーのコミュニケーションは、メンバー一人ひとりと向き合う双方向性が必要になる。コラボレーションを絶えず促すような動きを、リーダー自身が取る必要がある。その点から、人間性や人間味も、非常に重要になる。

また、メンバーは社内だけとは限らない。社外やネット上の参画意欲、能力のある人も非常に重要になる。正しいことは何か（What）、なぜ（Why）やるのかを考え追究する姿勢が必要だ。先にも述べたように、さまざまなステークホルダーは、リーダーが正しいことと、地球にとって良いことを行なうかどうか絶えず注目しているからである。

このようなリーダーシップは、昔のパラダイムにとらわれていると機能しない。むしろ、いかに過去のリーダーシップの呪縛から解放されるかが鍵になる。そして、これは実は、図表1－6（55ページ）のマネジャーとリーダーの比較で見てもらったとおり、本来リーダーシップの典型的な特徴であると言えるのだ。

事業創造の支援者ジム・クラーク

元々カリフォルニア大学や、スタンフォード大学のコンピュータサイエンスの准教授だったジム・クラークは、よく支援型リーダーの例として挙げられる。

クラークは、まず自分のスタンフォード大学の教え子たちとシリコン・グラフィックス社（SGI）を立ち上げた。そのCG（コンピュータ・グラフィックス）技術は「ジュラシック・パーク」などハリウッド映画などでも使われ、会社は上場し大成功を収める。

ついで、インターネットの黎明期《れいめいき》に、ウェブブラウザ「MOSAIC」（モザイク）の開発者マーク・アンドリーセンというイリノイ大学の学生を見出し、一緒にネットスケープ社を設立し、上場させ、やはり大成功を収める。

さらには、医療ソフト会社のヘルシオンを立ち上げ、これも上場させた。アメリカ人でも三社の上場に成功した例はほとんどない。クラークのスタンスは三社とも同様であった。それは、まず人材を見出し、出資し、一緒に事業を立ち上げる。しかし、自分は表には立たずに、ビジネスのパートナーや顧客を捜し、事業成功のために奮迅する。そして事業が軌道に乗ると、さっと身を引くのだ。

繰り返しになるが、今の時代にはイノベーションは、画期的な技術やテクノロジーの開発からは生まれにくい。既存の情報を、自分たちの目的に合うように新しく組み直し、新しい製品、サービス、生産システム、経営システムを作り出すことが必要になる。

それは、試行錯誤の中からしか生まれない。それには、官僚組織は邪魔になるだけであり、ネットワークに点在するメンバーの中から、事業に共鳴し、参画意欲と能力を持つ人間が集まり組織化されるというプロセスを取る。

リーダーシップ2.0の時代に行なわれた、組織の一体化や革新への過剰な方向にみな圧力を感じ、そしてさまざまな環境の変化から、人々は心理的に疲弊している。その中で、自ら進んで選択するという方法によって、初めて創造力が発揮されるという、当たり前のことが認識されるようになったのだ。

1.5と3.0の違いとは――日本的経営への回帰ではない

さて、メンバー一人ひとりと向き合う双方向性が必要であり、人間性や人間味も非常に重要になる、というような説明から、それはかつての日本的経営におけるリーダーシップではないかと考える人もいると思う。

しかし、リーダーシップ3.0はかつての、リーダーシップ1.5とはその前提条件も、組織と個人との関係もまったく異なるものである（図表2－2）。

リーダーシップ1.5では、従業員はその名のとおり、事業に従事する会社の構成員である。経営者と従業員は親子関係・親分子分関係であり、いったん成り立つと終身切れない関係が前提であった。

図表2-2　リーダーシップ1.5と3.0の対比

リーダーシップ1.5	リーダーシップ3.0
・従業員は組織の構成員	・「自律した個人」の存在が大前提
・経営者と従業員、親子関係	・組織と個人、リーダーとフォロワーは対等
・経営者の役割は、いかに雇用の安定、安心を与えるか	・リーダーの役割はいかに個々のメンバーとの「信頼」を築くか
・総力、組織力。滅私奉公、が大前提	・いかにして、一人ひとりの潜在能力を引き出すよう支援するか
・運命共同体 入社すれば定年まで、その後の再就職先、年金まで	・運命共同体ではない、コミュニティ 参画意志と力のあるものが、社内外を問わず集まる
・壁の中の世界しか知らない 他の選択肢はない	・ネットワークにより情報はふんだんに得られる あえて、そこで働くことを選ぶ

したがって、経営者の役割は、いかに雇用の安定や安心を与えるかが非常に重要であった。会社は運命共同体であり、入社すれば定年まで勤め上げるのが普通であり、退職後の再就職先や年金まで手厚く与えられた。従業員は、会社や上司に対して終身忠誠を尽くすことが求められたし、それに見合うだけの見返りもあった。

これに対して、リーダーシップ3.0は、あくまでも自律した個人の存在が大前提であり、組織と個人、リーダーとフォロワーは対等である。リーダーの役割はいかにして個々のメンバーとの「信頼」を築くか、いかにして一人ひとりのポテンシャル（潜在能力）を引き出すよう支援するかが重要になる。運命共同体ではない、コミュニティを形成し、参画意志と力のあるものが社内外を問わず集まる。ネットワークにより情報はふんだんにあり、メンバーはあえてそこで働くことを選ぶのである。

一方で、もちろん1.5と3.0とに共通する特徴もある。価値観を共有し、コミュニティに一体感を持たせること、常に自らが組織の上に立って統率していくというよりも、ボトムアップ、あるいは管理職発のミドルアウトにより一人ひとりの社員の力を引き出すように働きかけ、働く意味を与え、動機ややる気を引き出していくこと、である。

そしてそれは、前述のとおり、2.0のチェンジ・リーダーに向いていなかった日本人、特に生え抜きリーダーに、受け入れやすい概念であり、実践しやすいやり方なのだ。

まず自分に対するリーダーでなければならない

リーダーシップはフォロワーに対してのみ機能するものではない。最初に発生するのは誰に対してだろうか？

それは、自分に対してである。詳しくは拙著『パーソナル・リーダーシップで仕事を進めろ！』（ぱる出版）を参照いただきたいが、要旨を下記する。

リーダーシップとは、部下がいようがいまいが発揮できるものである。したがって、役職がついていない担当者も含めて一人ひとりの社員がどのように仕事に向き合うかという行動規範を示している。そして、それは一言で言うと「自律」ということだ。

では、「自律」とは何か？　それは、反意語である「他律」ではないということ。他律とは、自分がこうなのは、上司のせい、会社のせい、世の中のせい、と考えること。自分以外の何ものかにコントロールされていると考えることである。

「他律」では、自分で考えて行動する必要もないし、人のせいにしていられるので気楽だろうか？　そういう生き方もあるとは思う。でも、それでいくのであれば、会社や上司に自分の運命をすべて任せるという覚悟が必要だ。また、自分の思うような仕事や、人生を送ることはまず放棄しなければならない。

世の中には二種類の人間しか存在しない。それは、「自律」した人間か、それ以外かである。

これは、一社にずっと勤めているか転職しているのか、会社勤めか独立起業しているのか、日本企業に勤めているのか外資系企業か、民間企業に勤めているのか公的機関か、などにはまったく関係ない。

パーソナル・リーダーシップとは、自分に対するリーダーシップである。「他律」の悪いクセ（習慣）を断ち切り、「自律」意識を持ち、「自律」的に人生を切り開いていこうとする人だけが、成果を上げ、評価され、思うような仕事をして人生を送っている。

それは、意志、覚悟の問題であり、能力とは関係がない。また生まれつき持っている人といない人がいるというような才能でもない。すなわち、トレーニングによって誰でも鍛え、伸ばすことができるのだ。

自身に対してリーダーシップを発揮する人のみが、他者に対してもそれを発揮できるのである。自分に対してリーダーシップを発揮していない人が他者に対してリーダーシップを発揮しようとしても、それはマネジメントになってしまう。

そして、その「他者」とは、部下だけのことではない。上司も会社も、会社の株主も含まれる。そして、外部のパートナーや取引先、顧客、社会、国家、国際社会などすべてのステークホルダーに対して発揮されるものである。

それを、別の言葉で表現すると、「三方よし」ということであろう、それは言うまでもなく近江《おうみ》商人の「買い手よし、世間よし、売り手よし」の精神である。商《あきな》いの精神とは、決して相手を騙《だま》して利益を上げることではない。その根底に流れているのは、奉仕の精神であり、奉仕することによって、顧客や、世間との信頼関係が生まれるということである。

3.0のリーダーの役割は、どれだけメンバーのパーソナル・リーダーシップ（自律）を引き出すように働きかけ、それを発揮する場を整えるかということにある。

(3) 3.0の具体例モデル

さて、それではリーダーシップ3.0である支援型の具体的なモデルを示していこう。

(i) サーバント・リーダーシップ

最も有名なのが、「サーバント・リーダーシップ」である。AT&Tの元マネジメント研究センター長ロバート・K・グリーンリーフが唱えたもので、サーブする（奉仕する、尽くす）ことがリーダーには不可欠であるということだ。サーバント（召使い）とリーダーシップという、一見矛盾する組み合わせで、その精神を表現した。

グリーンリーフは、リーダーシップのスタイルが、組織全体に対するものから、個人と組織への関係に移ってきたことから、いかに部下の自主性を引き出し、エンパワー（支援）

するのかということが、リーダーにとって非常に重要なものとなったことを指摘した。
ミッションを持ち、ビジョンを描いて、上に立つ者ほど、みんなに尽くすタイプの人でなければならない、というものである。部下が本当に困っている時には、しっかりと支援をする。それは、部下たちに媚《こ》びるのではなく、強い意志を持ち、ミッションやビジョンを実現するためにサーバントに徹する、ということである。

グリーンリーフが啓発された物語がヘルマン・ヘッセの『東方巡礼』（『ヘッセ全集10－知と愛』高橋健二訳、新潮社）である。

『東方巡礼』のあらすじは、以下のようなものだ。

主人公は、ある秘密結社が募集する巡礼の旅に参加する。そこに一人とても気が利くレーオという若者が召使いとして同行し、みなの身の回りの世話を焼いてくれる。旅の参加者たちは、すぐにレーオが気に入り可愛がる。当初は巡礼という目的で結束していた団員たちだったが、旅が進むにつれだんだんとわがままを言うようになった。そんなある日、レーオはこつぜんと姿を消した。みな右往左往し、巡礼の旅は空中分解する。

主人公はレーオを探して旅を続け、そして遂に再会を果たす。実はそのレーオこそが、秘密結社のリーダーだったのだ。再会の場面で、レーオは以下のような言葉を口にする。

「リードする者は、自分の最も優れたものをあたえることによってのみ目標を達成する」

「リードされる者は、個人個人の目的を持たなければ組織に参加してはならない」

レーオは、召使いという身分であったが、団員をリードする者として皆の世話を焼くという、自分の最も優れたものを与えた。しかし、リードされる団員たちは、当初は個人個人の目的を持って組織に参加したが、いつしかその目的を見失っていった。だからこれ以上旅を続けても仕方がないと、レーオは考えたのであった。

これは、小説ではあるが非常に秀逸な視点である。自分自身に置き換えてみるとどうであろうか。誰しも、何らかの個人の目的を持って会社に就職したはずである。しかし、社会人として時間が経つうちに、いつしかその目的を見失っていないだろうか。

小説家大佛次郎《おさらぎじろう》の言葉で、映画監督伊丹十三《いたみじゅうぞう》も色紙に記すなどして好んで使っていた「どの花も、それぞれの願いがあって咲く」というものがある。それぞれの目的、願いがなければ、花開くことはないのだ。

『東方巡礼』において、もう一ヵ所、素晴らしい箇所に次のようなものがある。

「長く生きようと欲するものは、奉仕しなければなりません。支配しようとするものは、長生きしない」

とかく、組織の長となったものは支配しようとするが、そうなると早晩その地位を追われることになる、という警鐘とも受け取れるのである。

グリーンリーフが挙げるサーバント・リーダーの持ち味のうち、特徴的なものは次のとおりである。

・傾聴と理解　・控えることを知っている　・受容と共感　・癒やしと役立ち　・直観、信頼、決断

「サーバント」の誤解

しかし、いくらフォロワーの望みに耳を傾け、奉仕しても、描くミッションや至高のものがなければ、たんなる召使いになってしまうのである。

サーバント・リーダーシップは、多くの書でも取り上げられているため、リーダーたちにもすでに浸透しつつある概念になっている。

一方、それを実践していると本人が思い込んでいるリーダーが陥りやすいのが、「自分はサーバントなんだから、部下たちの自主性を重んじ、彼らが主体的に動くのを支えるのが役目だ」と何もしないで放置しているようなケースだ。

これは、サーバントということを誤解し、そこに逃げているだけだ。形はどうであれ、やはりリーダーであることに変わりはなく、サーブするだけではなく、時に組織の前面に立って方向性を示し、リードすることも同時に必要なのである。

筆者は最初にグリーンリーフの持ち味、を見た時にあまりに難易度が高く、このようなリーダーは果たして存在しうるのかと正直感じた。しかし、神戸大学の金井壽宏《かないとしひろ》教授が、アラビアンナイトの物語「アラジンと魔法のランプ」に出てくるランプの魔人（サーバント）は「ご主人様、お呼びですか。何をお望みで」と尋ねるように、主人（フォロワー）の期待、要望、願いに耳を傾け、理解するという趣旨を述べていて（『リーダーシップの旅』光文社新書）、具体的にイメージが持てた。

そのため、雑誌『Ｐｅｎ』（阪急コミュニケーションズ）二〇一二年二月号でのリーダーシップ特集に、筆者が掲載した「いまリーダーは、どうあるべきなのか？」というタイトルでリーダーシップ3.0を紹介した際に、ランプの魔人「ジニー」をキャラクターとして載せようとしたくらいだ。

しかし、ディズニーと交渉したが許可が出ず、残念ながら採用できなかった。ちなみに、1.0はナポレオン（雑誌では1.0と1.1の区分をせず）、1.5は松下幸之助、2.0はジャック・ウェルチをキャラクターとして登場させた。

このランプの魔人ジニーの特徴である、本当に必要な時、助けを求めた時には必ず出てきて望みを叶えてくれる、という姿。これは、日本企業の昔の理想的な管理職像ではなかったか。今のようにプレーイング・マネジャーではなく、昔は管理職として、暇そうにしている上司ほど理想とされていた。普段は、頼りなげで、暇そうにしていても、いざという時には助けてくれ、責任も取ってくれる。昔は日本のどの企業にもいたタイプなのではないだろうか。

今や、このような管理職は絶滅した。なぜなら、自ら担当の職務を抱え、プレーヤーとしての仕事にも追われる、プレーイング・マネジャーに、そのようなことは許されないからである。

サッカー長谷部誠選手のリーダーシップ3.0

さて、上記『Ｐｅｎ』でジニーの代わりに、リーダーシップ3.0を具現化するリーダーとして登場してもらったのがサッカー日本代表の長谷部《はせべ》誠《まこと》選手である。

サッカー日本代表のキャプテンというと、たとえば柱谷哲二《はしらたにてつじ》選手のように、口で叱咤《しった》し、ガンガン言うタイプが以前は主流であった。柱谷選手は、チームを激しく鼓舞《こぶ》するその姿から「闘将」と呼ばれたほどである。

長谷部選手は自著で、自身が突然キャプテンに指名された際に考えたリーダーの役割として以下を挙げている（長谷部誠『心を整える。』幻冬舎）。

・組織の穴を埋める
・他の人がやっていないことをやる

・コミュニケーションの媒介

長谷部選手は、自分でもこのように言っている。「キャプテンらしくない。向いてないんじゃないか。謙虚だし。チームメイトから良く弄《いじ》られる。このチームだから逆にありがたい。企業の社長だったらダメでしょう」

長谷部選手は、余計なことはしないし、余計なことは言わない。それは、すごいメンバーでみな自覚を持っているのだから、先頭で旗を振る必要がないと考えているからだ。また、理想のリーダーシップ像はない。メンバーたちによって変わっていいんじゃないかとも述べている。

一方で、長谷部選手は、チームメンバーの頭が疲れていると判断すると、監督に具申して、楽しめるゲームを意外なほど短い時間にしてもらい、それによって、次の本番にもっとサッカーをしたいと思わせることに成功する、というような動きをしている。

また、オーストラリアのブリスベーンで行なわれたＦＩＦＡワールドカップ２０１４ブラジル大会のアジア最終予選、オーストラリア対日本戦では、審判に対して執拗に抗議をした。「キャプテンだから言うよ。厳しいんじゃない？　自分が抗議することで、チームを落ち着かせた」と試合後に語っていた。さらに、マスコミに対してきちんと話をすることでもよく知られており、マスコミからの受けも非常によい。

長谷部選手は、チームのメンバーへのリスペクトを忘れず、そして、他のメンバーからもキャプテンとしてリスペクトされているのだ。まさに、リーダーシップ3.0を具現化していると言えよう。

また、ザッケローニ監督自身も、3.0のリーダーである。たとえば、以前のトルシエ監督が目立ちたがり屋で自分より選手が評価されるのを嫌い、いつも激高して選手を叱り飛ばしていた（嫌われ役をあえて演じていたという説もあるが）スタイルと好対照である。

それは、常に選手とのマンツーマンのコミュニケーションを行なっているところからも窺《うかが》える。監督は試合前に、チームの選手全員に対して話をするのが一般的だ。しかし、ザッケローニ監督は、一人ひとりに対し、相手の目を見ながら、やるべきミッションについて自分の口から伝えるのだ。しかも、そういう場合は選手と同じ目線に立とうとしており、試合前の選手の雰囲気を必死で感じ取ろうとしているという。そうやって試合に臨む雰囲気を作り出そうとしているのだ。

スタッフの意見を聞き入れ、選手にも思ったことを言わせ、その上で、自分の言葉を伝える、という循環がチームを活性化し、好成績を生み出しているということだ（二宮寿朗「人を動かすマンツーマン対話術」、『Ｎｕｍｂｅｒ』795号、文藝春秋）。

ザッケローニ監督は、ピッチ外でのコミュニケーションに三割の時間を充てており、その比率は日本の代表になってから増やしたそうだ。日本人にはそれが必要だと考えているのである。

サッカー女子日本代表をＦＩＦＡワールドカップ優勝、オリンピックロンドン大会銀メダルに導いた佐々木則夫《ささきのりお》監督も同様だ。なでしこメンバーの多くが親しみを込めて、佐々木監督のことを「ノリちゃん」「ノリオ」などと呼ぶ。練習以外ではオヤジギャグを連発し、流行の脳科学や心理学も勉強して「女心」をつかむことに懸命になっているという。

一方で、勝つためには何をすべきかを常に考え、工夫し、チャレンジを繰り返す。同監督の名言として紹介されているのが「成功の反対は失敗ではなく、『やらないこと』だ」である。決して、組織の上にいて距離を置いて指示を与えているのではない、まさに3.0のタイプである。

スポーツの世界では、それ以外にも日本女子バレーボールチームを二八年振りに表彰台に導いた眞鍋政義《まなべまさよし》監督、同様に日本女子卓球チームに初のメダルをもたらした村上恭和《むらかみやすかず》監督などすべて、組織の場作りに手間ひまをかけると同時に、一人ひとりと向き合うリーダーシップ3.0のタイプである。

また、水泳チームも、北島康介《きたじまこうすけ》を育てた平井伯昌《ひらいのりまさ》コーチが、代表ヘッドコーチとなり、ロンドンオリンピックでも快進撃を続けた。平井コーチは、選手の自主性を引き出し、本人の考えを尊重するという「支援する」、「支える」というやり方で北島を育てたが、それが水泳界全体に浸透していることは想像に難くない。

現在日本のチームスポーツがこれだけの成果を上げているのはリーダーが3.0のスタイルであることと密接に絡んでいるに違いない。一方、先のオリンピックで金メダルをとることを義務にし、追いつめてプレッシャーをかけ、相も変わらず精神論のみでやっていた柔道チームが惨敗したことは、リーダーシップのスタイルが合わなくなっていることの証左ではないだろうか（追補：その後パワハラ事件が起きたことは、まだ記憶に新しい）。

（ii）羊飼い型リーダーシップ

さて、支援するリーダーシップの時代になったことは、「サーバント・リーダーシップ」以外にも、多くの学者たちがさまざまな理論と表現で説明している。その一つが「羊飼い型リーダーシップ」である。

羊飼いは、先頭に機転の利くヒツジを立たせ、その背後から残りのヒツジを付いていかせる。自分はいちばん後ろにいて、群れ全体が正しい方向に進むよう目配りすると同時に、「迷える子羊」がいれば、助けにいって群れに戻すのだ。

ハーバード大学ビジネススクールのリンダ・A・ヒル教授は、一人のリーダーが先頭に立って率いるという、理想のリーダー像を見直す必要があると指摘している。それは、「背後から指揮し、集合体として力を発揮させる」、たとえば、「ヒツジの群れのいちばん後ろにいる羊飼い」と表現している。

「リーダーシップとは集合的な活動、すなわち人々を一つの集合体に結束させることであり、状況やタイミングに応じて、各人の強みや機転によってリーダーが変わり、進むべき方向に集団を動かす」

「先頭からの指示に従って動く必要がなければ、この集団は機敏に行動する」
(「未来のリーダーシップ」、『DIAMONDハーバード・ビジネス・レビュー』二〇〇九年十二月号、ダイヤモンド社)

これは、スポーツの世界でもそのまま使える考え方である。先の長谷部誠選手の考え方にも非常に近いことがお分かりいただけるであろう。

羊飼いは、慣れない場所に集団を移動させる場合は、ヒツジの群れだけではなく、牧羊犬を何頭か集団の前や横に配し、彼らの力も借りてヒツジたちを無事に目的地に到着させるのである。すなわち、集団の外部にある有用な力もまた利用するのだ。これもまた、3.0のメタファーとなっているのではないだろうか。

(iii) コミュニティシップ

反アングロサクソン経営、反MBAの論で有名な、カナダのマギル大学のヘンリー・ミンツバーグ教授は、歯に衣《きぬ》を着せぬ直截《ちょくせつ》的な表現で正しいことを言い抜くことで知られており、リーマンショック後、従前の主張の正しさが証明され、さらに注目されている。

「コミュニティシップ」は、ミンツバーグ教授の造語で、個人のリーダーシップと集団のシチズンシップの間に存在するものを表現している。リーダーシップという概念は、個人がフォロワーに及ぼす力に焦点が当てられており、現代の産業界に蔓延《まんえん》している、現場に無関心なリーダーによる上意下達のマクロ・リーダーシップを、彼は鋭く批判している。

インセンティブを与え、リーダーシップを発揮し、人々の能力を開発させるような個人主義には限界がある。人間は社会的な生き物であり、自分たちを取り巻く環境、社会システムなしには十分な活動はなし得ない。そのコミュニティである、仕事や同僚や居場所を大切にする気持ちからやる気は出てくる、という極めて当然のことでありながら、企業において忘れられがちなことを指摘しているのである。

英雄的なリーダーへの依存を断ち切り、必要とするのは「ほどよいリーダーシップ」であり、それは「組織の中で働く人たちを励ましながら、必要なときにだけ介入するというもの」だ。また、「コミュニティのリーダーはみずから、人々を巻き込むことに努め、人々はこれに応えて、自主的に行動する」。それは、ウィキペディアや、リナックスなどのオープン・ソース開発の成果を見れば明らかであると指摘している（ヘンリー・ミンツバーグ「コミュニティシップ経営論」有賀裕子訳、『DIAMONDハーバード・ビジネス・レビュー』二〇〇九年十一月号、ダイヤモンド社)。

これは、正にリーダーシップ3.0のあり方を述べていることがお分かりいただけるであろう。

(iv) オープン・リーダーシップ

戦略コンサルタントのシャーリーン・リーは、情報は即時に社会に共有され、たったひとつのツイートが会社を滅ぼすことさえあるソーシャルネットワーク時代になり、これまでの古い企業統治はもう通用しないと指摘する。そのためには、リーダーは隠さない、オープンであることが必要であることを説く。

コントロールをあきらめる。コントロールを手放すと新しい関係が生まれる。それには以下の新しいルールを適応することだと述べている。

《新しいルール》

1. 顧客や社員が持つパワーを尊重する
2. 絶えず情報を共有して信頼関係を作る
3. 好奇心を持ち、謙虚になる
4. オープンであることに責任を持たせる
5. 失敗を許す

（シャーリーン・リー『フェイスブック時代のオープン企業戦略』（原題 Open Leadership）村井章子訳、朝日新聞出版）

地位の上下の区別なくフラットに相手をリスペクトし、関心を寄せ、学ぼうとすることが信頼関係を醸成する。リーダー自らがオープンにすることで、相手にもオープンであることに責任を持たせることが可能になる。そして、そのためには失敗を許すことが必須条件となる。オープンにしろと言っておいて、失敗を許さなければ、次からは隠すようになるからである。

まさにコントロールすることを手放すことによってのみ、一人ひとりの主体性を引き出し、組織が活性化するようになるということである。ここで述べられている、オープンであることや、信頼関係構築、主体性を引き出すという方法はいずれも、3.0のリーダーにとって必須のことである。

(v) コラボレイティブ・リーダー

フランスのビジネススクールINSEADのハーミニア・イバーラ教授らが高業績CEOに関する調査(「世界のCEOベスト50」、『DIAMONDハーバード・ビジネス・レビュー』二〇一〇年五月号)の結果から共通項を括《くく》り出したものが、この「コラボレイティブ・リーダー」という概念である。端的に言うと、儲かる会社にしているリーダーはどのような特徴があるかということだ。

彼らによれば、それは次のようなものである。

・「コネクター」(人と人を結びつける者)の役割を果たす
・さまざまな人材と関係をつくる

・トップがコラボレーションの範を垂れる
・チームが泥沼の論争に陥らないように強力な影響力を発揮する
（ハーミニア・イバーラ、モルテン・T・ハンセン、二ノ方俊治訳「部門横断的に巻き込み高業績を実現する力」、『DIAMONDハーバード・ビジネス・レビュー』二〇一二年四月号）

トップが、社内外を問わずあらゆる階層、あらゆる地域の社員、さまざまなステークホルダーに対して、人と人とを結びつける楔《くさび》、あるいは触媒の役割を自ら率先して果たしている。しかも、ここぞという介入する時には出ていくという、まさに3.0のリーダーシップを表わしている。

(vi) 第五水準のリーダーシップ

ジェームズ・C・コリンズは、『ビジョナリーカンパニー② 飛躍の法則』（山岡洋一訳、日経BP社）の中で第五水準のリーダーの存在こそが、普通の企業を偉大な企業へと発展させていることを指摘している。

第一水準：有能な個人
第二水準：組織に寄与する個人
第三水準：有能な管理者
第四水準：有能な経営者
第五水準：第五水準の経営者

「明確で説得力のあるビジョンへの指示と、ビジョンの実現に向けた努力を生み出し、これまでより高い水準の業績を達成するよう組織に刺激を与える」というのは第四水準の経営者であり、第五水準の経営者は、「個人としての謙虚さと職業人としての意志の強さという矛盾した性格の組み合わせによって、偉大さを持続できる企業を作り上げる」と定義している。

「職業人としての意志の強さ」は、最高の企業になるための基準を設け、どれほど困難であっても長期にわたって最高の実績を生み出すために必要なことはすべて行ない、基準を満たすまでは決して満足しない。また結果が悪かった場合は、他人や外部要因のせいにせず、自分の責任であると考えることである。

また、「個人としての謙虚さ」によって、驚くほど謙虚で、決して自慢しないし、野心は自分個人ではなく企業に向け、次の世代に一層の成功がもたらせるように後継者を選ぶ。他の人たちや外部要因、幸運が会社の成功をもたらした要因だと考え、カリスマ性によってではなく、高い基準によって組織を活気づかせる、というものである。

第五水準のリーダーシップには、このような二面性があるのである。

以上さまざまな学者、コンサルタントによる、新しいリーダーシップのモデルを挙げてきたが、すべてリーダーシップ3.0を表現したものであることがお分かりいただけたのではないだろうか。

（4）リーダーシップ3.0を裏付けるさまざまな理論

これまでリーダー論の観点から3.0を説明してきたが、今度はリーダーシップ以外のさまざまな経営理論や学説が、その裏付けとなっていることを以下に示していきたい。リーダーシップ3.0は決して独りよがりの考え方ではないことが分かっていただけるはずだ。

(i) マネジメント2.0

シリコンバレーの非営利研究機関「マネジメント・ラボ」がマッキンゼーのサポートのもと、この分野の権威を集め、マネジメント・イノベーションを考えるカンファレンスを実施した。

主催者は、米国で行なわれた調査で「最も影響力のある人」にも選ばれたロンドン・ビジネススクール客員教授のゲイリー・ハメルで、ヘンリー・ミンツバーグ、C・K・プラハラド、ピーター・M・センゲ、ジェフリー・フェファーなどの研究者や、革新的と呼ばれる企業のCEO、コンサルタントなど総勢二〇名の錚々《そうそう》たるメンバーが集結。既存のマネジメント手法の限界を打破し、現在の経営環境に耐えうる新しいマネジメント手法を開拓するための「25の課題」を提唱した（「新時代へ向けた25の課題 マネジメント2.0」、『DIAMONDハーバード・ビジネス・レビュー』二〇〇九年四月号）。

彼らは、科学技術は今日現在も日々進化しているにもかかわらず、マネジメントはこの何十年も一向にイノベーションがない、というまさにそのことに対して危機感を抱いている。ハメルらが提唱している課題認識のまとめと、今後の取り組みの方向性は以下のようなものだ。

〈課題認識〉
・目まぐるしい変化の時代に、常に目標を見据えながら効率を高め、なおかつ柔軟で逆境に強い組織をつくるには、どうすればよいか。
・創造的破壊の風が吹き荒れる環境に適応し、利益を上げるために、大胆かつ速やかにイノベーションを実現するには、どのような方策があるか。
・進取の精神が成功へのカギを握るクリエイティブ経済において、働き手に日々、自主性や想像力を発揮し、情熱を傾けてもらうには、どうすればよいか。
〈マネジメント2.0のゴール〉
・組織から官僚的な体質を拭い去り、人材の持てる力（自主性、創造性、情熱など）を解き放つこと。
・すべての組織に、そこで働く人々と同じくらいの、活力、創意、連帯感といった人間味を持たせること。

「ヒーロー的な意思決定者としての指導者の意見は支持されない。指導者はイノベーションとコラボレーションを可能にする社会システムの設計者に変わらなければならない」と、ハメルもまた、カリスマ的なトップダウンのリーダーを否定している。

そして、従来のマネジメントの主流である、コマンド・アンド・コントロール（指揮統制）によって従業員を会社の方針に従わせようとし、従わなければ戒めをするというやり方は、機能しないと指摘する。それは、従業員のやる気や能力に不信感を表わすことになり、従業員は、不安になり、自主性を発揮しようとしなくなるからである。

組織が高い順応性と革新性を発揮するには、不安の少ない、信頼感に満ちた企業文化が必須であり、そのためには、いかに「人間味溢れる」組織を作るかが重要であると結論付けている。

アメリカの気鋭の学者や経営者、コンサルタントが集まり、今後の方向性を「人間味溢れる」組織という言葉でまとめたのが非常に興味深い。これは、まさに日本のリーダーや組織が、1.5の時代にも得意だったものではないか！

一方、コマンド・アンド・コントロールやトップダウンに代わるものとして、ピアプレッシャー（同僚たちの相互評価）を機能させ、自己規律を身につけさせる方が得策、としている。

ピアプレッシャーは、コンサルティング会社などでは、社内の行動規範として定められているところが多い。上司の評価を気にしながら働くのではなく、プロフェッショナルとして自身の仕事と向き合い、会社が規定する行動を自らの責任において遂行する、それを相互にプレッシャーを掛け合うのである。これは、1.5の時代の負の側面である馴れ合い、凭《もた》れ合いの風土とは大きく異なる部分である。

リーダーシップと対をなす概念のマネジメントは3.0ではなく、なぜ2.0なのか。それはまだマネジメントが1.0の旧態依然としたものから変わっておらず、他の分野と比べて著しく遅れているということを表わしているのだと筆者は解釈している。みなさんの組織において、役職や役割だけで動かそうとしている「リーダー」のことを思い浮かべていただければ、実感できるであろう。

(ii) 場の論理とマネジメント

主に欧米の研究者の、さまざまなリーダーシップ3.0を補強する概念を紹介しているが、ここで、日本のそれを一つご紹介したい。元一橋大学教授で、現東京理科大の伊《い》丹《たみ》敬之《ひろゆき》教授の「場」の論理である（伊丹敬之『場の論理とマネジメント』東洋経済新報社）。概要は以下のようなものだ。

組織はシステムだけでは動かない。したがって、各人の役割が厳密に規定されるアメリカンフットボール型から、各人は役割を持つものの、状況に応じて柔軟に動き、判断するサッカー／ラグビー型へという流れにある。日本的経営には後者が向いており、得意である。現場のプロセスから生まれる秩序が組織を動かすエネルギーになる。そのため、目に見える構造（システム）から目に見えないプロセスに重点が移っている。

ヒエラルキーパラダイムと場のパラダイムを比較すると、ヒエラルキーでは、マネジメントは、決定し、命令し、動機づけることで行なわれ、マネジャーの役割は、先頭に立ってリードする。中央に情報を集め、自分で決定することになる。一方、場では、マネジメントは、方向を示し、土壌を整え、承認することで行なわれ、マネジャーの役割は、流れを見ながら舵《かじ》を取る。部下に任せ、ときに自ら決断することになる。

上記視点からも、リーダーシップ3.0は日本の土壌、リーダーにとって受け入れやすく、動きやすいことがお分かりいただけるであろう。

(iii) モチベーション3.0

ダニエル・ピンクは、『モチベーション3.0』で、以下のようにモチベーションの変遷を指摘している（ダニエル・ピンク『モチベーション3.0』大前研一訳、講談社）。

・モチベーション1.0：空腹を満たしたり、生存本能に基づいたりするもの

・モチベーション2.0：アメとムチによる「外発的動機付け」で駆り立てられた時代のもの

・モチベーション3.0：「内発的動機付け」に働きかけるかが鍵

モチベーション2.0の成果主義に基づく「賞か罰か」の動機付けは、創造的な仕事には機能しないということはさまざまな実験で実証されていることを指摘している。たとえば、有名なエドワード・デシのパズルの実験がある。

二つのグループにそれぞれ三日間にわたってパズルを解いてもらい、一つのグループは報酬無し、もう一つのグループは二日目のみ報酬（当時の一ドル。現在の六〜七ドルに相当）を与えたところ、報酬無しのグループは三日目に休み時間も解いている時間が最も長くなった（すなわち内発的動機が高くなった）。一方、二日目に報酬をもらったグループは二日目の休み時間にパズルを解く時間は極端に上がったが、三日目に一日目よりも休み時間にパズルを解く時間が減った。すなわち、報酬を与えることによって内発的動機を奪ってしまったということだ。

これは、現在の環境において、やる気を引き出すには、いかに楽しく、好奇心を持ってやれるかどうか、すなわち仕事自体を自己目的化することが必要であることを意味する。リーダーはそのような場、環境を設定することが必要なのである。そのように、モチベーションもバージョン3.0にすでに移行していることを知るべきである。

(iv) フロー

上記『モチベーション3.0』の中で、内発的動機付けのために大きく紙面を割いているのがフローの考え方である。クレアモント大学の、ミハイ・チクセントミハイ教授が唱えた概念である。

フローとは、最高の楽しみの瞬間を、外部の力で運ばれていったり、エネルギーの流れで努力せずに流されていく状態のことを指す。ロック・クライマー、チェス・プレーヤー、外科医などは困難に直面しているときに、楽しみによって動機付けられた活動により、ごく自然な流れに全人的に没頭していることを発見した。

それには次の三つの要素がある。

・自律性：自分の行為や環境を支配していること
・マスタリー（熟達、あるいは修行）：その経験が通常首尾一貫した矛盾のない行為を必要とし、個人の行為に対する明瞭で明確なフィードバックを備えていること
・自己目的化：今やっている仕事そのものに楽しみや喜びを見出しており、それ以外の目的や報酬を必要としない

（ミハイ・チクセントミハイ『フロー体験とグッドビジネス』世界思想社）

自律的に、フローで働いている社員の成果はどうなるであろうか？　フローで働いている社員たちがいる組織はどうなるであろうか？　リーダーとして、社員にいかに「ご機嫌で」働いてもらうか、これが鍵ということである。目標達成ということを考える際に、決して管理したり、統率しようとすることは得策ではない、という点に注目いただきたい。

（v）マーケティング3.0

マーケティングの第一人者と言えば、何十年にもわたってノースウェスタン大学ケロッグ・スクールのフィリップ・コトラー教授の名前が挙がる。最近のコトラーの提唱している概念にマーケティング3.0がある（概念はMarkplus社のHermanwan Kartajayaが提案）。

フィリップ・コトラーによると、マーケティングは以下のような変遷を経て、今や3.0の時代であることを指摘している。

・マーケティング1.0　製品中心。製品を販売することが目的
・マーケティング2.0　消費者志向。消費者を満足させ、つなぎとめることが目的
・マーケティング3.0　価値主導。世界をよりよい場所にすることが目的

これは、まさに、正しいことを行なう、地球に良いことを行なうというリーダーシップ3.0の概念と一致している。

マーケティング3.0においては、以下の三つが中心になるとしている。
・協業マーケティング：製品開発のプロセスにいかに顧客や他社を参加させ、協力を得るか
・文化マーケティング：グローバル化によって引き起こされる文化的課題を自社のビジネスモデルの中心に据える
・精神（スピリチュアル）マーケティング：単に消費者のニーズを満たすのではなく、精神を感動させる経験やビジネスモデルを提案し、心理精神的便益の実現を進める
（フィリップ・コトラー『コトラーのマーケティング3.0』朝日新聞出版）

(vi) セオリーU

マサチューセッツ工科大学上級講師のC・オットー・シャーマーは、リーダーとは、組織化された構造内の肩書きにかかわらず、変化を起こし、未来を作り出そうとするすべての人々を指しているという集合的リーダーシップの概念を提示している（C・オットー・シ

ャーマー『U理論』中土井僚、由佐美加子訳、英治出版）。

そして、過去から学ぶのではなく、「出現する未来から学ぶ」ことを説く。そのためには高次の自己につながる「プレゼンシング」のプロセスが必要で、直感が必要であり、あいまいで不確実な状況を許容し、失敗を恐れないこと、想像もつかないようなことに直面し、不可能を試みることを覚悟しなければならない。

リーダーシップとは、（ⅰ）自分の限界を突き破り、他人の役に立つという「愛に基づいて行動する」ことであり、（ⅱ）人々が理解を深め、あらゆるものがつながり合う世界にしっかり参加できるようになる「場＝ソーシャル・フィールド」を作り、新たな現実を作り出すことに関わるものであり、（ⅲ）発揮するのは上層部だけではなくあらゆる人々である、と定義している。

リーダーシップとは、人々が参加できるようになる「場」を作ることの重要性を強調しているのである。

U理論はいささか難解である。その理由の一つは、シャーマーの思考が精神性の領域に踏み込んだ話を展開していることにある。それは禅などの東洋思想から来ているということが窺《うかが》える。

精神性などというと胡散《うさん》臭く聞こえるかもしれないが、彼だけでなく、モチベーション3.0のダニエル・ピンクも、フローのミハイ・チクセントミハイも、マーケティング3.0のフィリップ・コトラーもみな同様の傾向にある。

また、亡くなったスティーブ・ジョブズが禅を長年学び、東洋思想に傾倒していたことは広く知られているが、ジョブズに限らず、シリコンバレーでは、以前より禅や東洋思想を自身の基軸としている人は多く、たとえばスタンフォード大学付近の書店には、これらの関連書籍が平積みになっている。

言うまでもなく、禅の「無」の境地とは、無心であること。すなわち、何にもとらわれることのない状態である。地位も、関係性も、過去も未来にもとらわれない。欲、利己、執着を捨てる否定と、自分の本質をつかむ肯定と。禅的な生き方とは、ありのままの自分で「今」を生きることである。

繰り返しになるが、リーダーが地位と役割、数字、戦略、ハードスキルだけで、人を動かせる時代ではないのである。

近代物理学は「分ける」ことによってそれぞれの研究が進み発達してきた。しかし、現代物理学は世界は「分けられない」という発想をする。個人と世界、個と全体はもともとひとつながりであり、境界を引き分けることはできない、このような発想に日本人は違和感を持たないであろう。

そして、後述するようにそのような精神性、人間性、人間力という分野は、本来日本人が極めて強いフィールドであるはずだ。繰り返しになるが、バージョン2.0は不得手だった日本人のリーダーにとって、このような3.0のあり方、考え方は得意な領域であり、非常に追い風であるということである。

第3章 リーダーシップ3.0を実践している企業

リーダーシップ3.0を実現する組織の前提条件

3.0のリーダーに共通する特徴は、企業名は知られていても、世の中に個人の名前が知られているわけではないということである。これは、2.0のリーダーのようにカリスマとして有名になるのではないということだ。

リーダーシップ3.0を実践するということは、顧客に最も近い現場の担当者が責任と権限を持ち、リーダーシップを発揮することを意味する。リーダーシップ3.0のイメージは74ページに示したとおりだが、組織構造で考えると、それを中間管理層、さらには最も下で経営層が支えるという、顧客を頂点とする逆ピラミッドの組織構造（図表3－1）のようになる。

「お客様は神様」という言葉があるように、顧客を第一に考えるのであれば、その顧客に直接接する担当者が組織の最も上にくるのは道理のはずだ。このような話をすると企業の経営層は「それは理想論で現実はそうはいかない」と反論する。しかし、下記するように実践している企業は現実に存在し、そしてそれらの企業は軒並み高い業績を長期にわたって上げつづけている。

図表3-1　逆ピラミッド型の組織構造

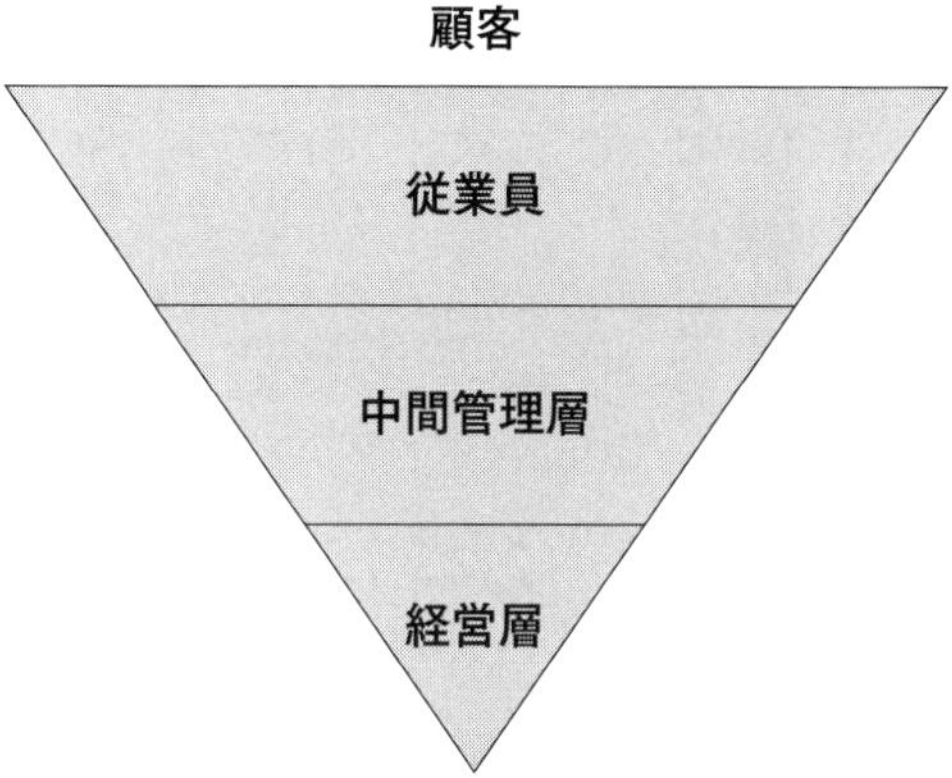

もちろん、ただ担当者に責任と権限を与えて好きにしてよい、と言っているのではない。そんなことをしたら、それこそ担当者が勝手にやりだし、会社の方向性もバラバラになってしまうであろう。

では、それを可能にするためには何が必要であろうか。それは三つの前提である。

・ミッション、ビジョン、バリューの共有
・行動規範の徹底
・経営層の覚悟（言行一致、率先垂範）

以下で紹介する企業は例外なくこれらを前提として組織運営を行なっている。それがゆえに、担当者一人ひとりに責任と権限を与えて、リーダーシップを発揮することを可能にしているのだ。

ただ、前章でも述べたように、逆ピラミッドにとらわれると3.0の本質を見誤る可能性がある。組織構造を固定的に考えた時点で従来の階層型（ヒエラルキー）組織の固定化した発想になってしまうからだ。

ピラミッド型であれ、逆ピラミッド型であれ、情報の流れは上から下、もしくは下から上という一方向であるという考え方になる。しかし、現在のウェブ社会はすでに、そのような前提にない。トップが一人ひとりの社員に向けてメールを発信することは多くの会社で行なわれており、前述のように一社員のツイッターなどによる情報は瞬時に組織全体に、しかも社内だけでなく社外にも伝わってしまう。

リーダーは、階層や、部門や社内外を超えてオープンに直接、間接にコミュニケーションを行ない、個人が自律的に働く場を組織やコミュニティ全体に作っていく。そのような、コラボレーションを促進する存在であることが求められているのである。

改めて、リーダーシップ3.0のタイプのイメージを見てほしい（74ページ図表2－1）。リーダーは、図のように下にいることもあれば、円（場）の中心にいて影響力を与えることもあるし、はたまた円の上にいて先頭に立って集団を率いることもある。既存の階層を通じて働きかけることもあれば、直接個々人に働きかけることも必要で、状況に応じて柔軟に変化するのである。そして試行錯誤しながら新しい価値を生んでいこうとするのだ。

それでは、そのようなリーダーシップ3.0による経営を行なっている企業の例を紹介していきたい。

（1）ＨＣＬテクノロジーズ

インドのＩＴ企業ＨＣＬテクノロジーズは、ここ数年、年率二〇％成長という世界のＩＴ業界の中でも目覚ましい発展をしている。名門財閥系のタタ系企業などを尻目に、インドＩＴ企業のなかでも売り上げの伸び率はナンバー１であり、従業員一人当たりの営業収益もインドＩＴ企業中最高を記録している（同社ＨＰより）。

従業員第一、顧客第二主義

同社を一躍有名にしたのは、"EFCS=Employees First, Customers Second"（従業員第一、顧客第二主義）である。社長兼CEOのビニート・ナイアはそれを書籍化し、社内外に公言し、実践している。

その理由は、インドにおいても、人材の争奪は激しく、優秀な人材を惹き付けるためには、社員を大切にすることを明言することが必要だと判断したからだ。もう一つの理由は、社員に権限を委譲し、自ら顧客価値を提供するような革新的な方法を考えさせることと、である。すなわち、一人ひとりの社員にリーダーシップを発揮してもらうことを目的としているということだ。

ナイアがトップに就任した二〇〇五年当時は、社員の士気は低く、業績も低迷し、同業他社に大きく水をあけられていた。ナイアは立て続けに手を打った。なによりも、透明性を通じて信頼を回復し、会社はコミュニティであると社員に認識してもらうことに腐心した。それには、従来型のピラミッドを逆転し、CEOの役割を見直した。それをナイアは「社長室の破壊」と表現した。

具体的には、社員の誰でもがCEOを評価することができるようにし、その自分自身の三六〇度評価の結果を社内のイントラネットに公開した。トップが自身の評価を公開する以上、他の役員も追随せざるを得なくなった。経営層は社員に対してのアカウンタビリティ（説明責任）を負っていることを明確にし、それを実行した。

従業員が従業員同士、さらにはCEOに対して問題を提起し、アイディアや意見を交換するためのオンライン・ディスカッション・フォーラムを設《もう》けたり、実際にCEOや経営陣が、従業員と戦略や方針を話し合うリアルな場を設けたりした。

また、中間管理層であるマネジャーたちは部下たちに指示をするのではなく、コーチングによって課題に対する考えや行動を引き出す役割を担うことになった。

筆者は実際に同社の日本法人にインタビューを行なった際に、その点に疑問を持ち、マネジャーたちに質問をぶつけてみた。

「日常業務に際して、いちいちコーチングを行なうのはマネジャーにとって相当の負担であり、効率的ではないのではないか？」と。

これに対するマネジャーたちの回答は、異口同音に「慣れるまでは大変だった。でも、今は、部下が主体的に動くように働きかけるのが自分の役割だと思っているし、実際に部下たちもそのように変わっていった」というものであった。まさに、逆ピラミッドを実現しているのである。

ＥＦＣＳを実践するために、それ以外に同社がしていることは、社員が自分自身のキャリア開発を主体的に行なえるよう、ネット上でスキル開発、キャリア開発のツールをイントラネット上に用意していることである。それを使ってどんどん自身のスキルやキャリアを開発していくことができるようになっている。

ところで、ＨＣＬテクノロジーズ社でインタビューを行なってショックだったことがある。それは、日本法人の社員が当時三〇〇名ほどであったが、インド人が過半数である理由を聞いた時、以下の趣旨の回答であったことだ。

「顧客は日本企業であるため、事業拡大のためにも当然もっと日本人を増やしたい。しかし、採用したくても、まず英語を話す日本人のＳＥが非常に少ないこと、そして、自分のキャリアを自分で切り開いていくようなＳＥがほとんどいないこと、この二つの理由から日本人を増やしたくても増やせない。だから、仕方なく、インド人に日本語と日本文化を学習させ、日本に派遣しているのだ」と。

これは、第5章で詳しく述べる、日本人がリーダーシップを発揮していく際に看過できない点でもあるのだ。

ある日本企業における改革の成功と失敗

かつて、日本企業でも組織の逆ピラミッド構造を意識した改革を行なった例があった。数多くのブランドを抱えるアパレルメーカーである。各ブランド事業部に全面的な権限を与え、それぞれの事業部が独立的に運営していた。

しかし、九〇年後半になって、それぞれの事業部長が上意下達で行なう事業運営が事業部を密室化し、また事業部間の風通しも悪く、他の事業部がどのように組織運営しているのかの情報交換の場も連携もなかった。このままでは全社の一体感がますます失われるという危機感が強まった。

そのような中で、思い切った改革を行なった。それは、「上に行くほど厳しく評価される」という仕組みの導入である。各事業部長がそれぞれの期末に成果を発表するのだが、そこに参加したい社員は誰でも参加できるという公開プレゼンテーションの形式にした。

事業部長は、自分の部下たちや他部門の社員たちの前で、当該期の事業運営を振り返り、目標に対しての結果だけでなく、それをどのようなプロセスで行なったか、そして人材の育成はどのように行なったかなどを説明することによって、ノウハウが共有される。そして、各事業部長は、人間性までもそこで評価されるのである。まさに、公開プレゼンテーションの場は各事業部のリーダーにとって冷や汗をかく場となり、それが健全なプレッシャーとなり、彼らの日々の行動を変えたのだった。

これはＨＣＬテクノロジーズと同様である。しかし、その後、各事業部長は社長の意向にそった発表をするようになり、次第に形骸化し、現在は行なわれなくなったという。原因は、上に行くほど厳しく評価するシステムを経営者自らには適用しなかったことにあると筆者は見ている。逆ピラミッドを実践するのであれば、トップが一番下で支える覚悟とその実行が必須である。それを、ＨＣＬの例は示している。

（2）ザ・リッツ・カールトン

言うまでもなく世界中で展開する、最高級のサービスを提供するホテルである。同社は、最高のおもてなしを「自宅にいるかのようにくつろげる」と表現しており、決して高級ホテルにありがちな慇懃《いんぎん》な態度ではなく、ごく自然に顧客に接している。それがゆえに世界中で愛されているのだろうと感じる。

封筒を届けに新幹線に乗ることが許されている担当者

同社では、担当者に全面的な権限が与えられている。たとえば、以前テレビの番組で同社が取り上げられていた際に以下のような場面が紹介されていた。

お客様が帰り、掃除係が部屋を清掃に入った。すると、ベッドの横に忘れ物があることに気付いた。それは、大きな封筒に入った原稿のような物で、一見して重要な書類だと分かった。封筒にはお客様の自宅の住所がある。その掃除係は、同僚にその旨を告げ大阪から東京への新幹線に飛び乗ったのだ。お客様にその書類を届けるために。その際に上司の許可は要らない。お客様にとって必要だと部下が判断したことを、上司は全面的に支えるのだ。

また、これは海外で私自身が実際に見聞きした場面である。宿泊客がベルボーイを捕まえて何か聞いている。

「プールは何時から利用できるの？」

「朝は七時からです」

「困ったな。それだとちょっと間に合わないなぁ。朝泳いでから出掛けたかったんだが」

「それでは、六時半でしたらいかがでしょうか？」

「うん、それなら助かるな」

「では、私が六時半にプールをご利用いただけるようにしますので、安心していらしてください」

言うまでもなく、ベルボーイは荷物を運び案内をする係であり、プールの担当ではない。そこには別の担当者がいる。しかし、自分の担当でもないことに、その場でコミットできるのだ。その権限が顧客接点の担当者たちに与えられている。

クレド（信条）とミスティーク（神秘性）

有名なリッツ・カールトンのクレド（信条）は下記のとおりである（同社ＨＰより）。

《クレド》

・リッツ・カールトン・ホテルはお客様への心のこもったおもてなしと快適さを提供することをもっとも大切な使命とこころえています。

・私たちは、お客様に心あたたまる、くつろいだそして洗練された雰囲気を常にお楽しみいただくために最高のパーソナル・サービスと施設を提供することをお約束します。

・リッツ・カールトンでお客様が経験されるもの、それは感覚を満たすここちよさ、満ち足りた幸福感そしてお客様が言葉にされない願望やニーズをも先読みしておこたえするサービスの心です。

さらに、これらを実現するための拠り所である、「私はリッツ・カールトンの一員であることを誇りに思います。」で始まるサービス・バリューズ（価値）の中からいくつかをピックアップしたい。

・私は、お客様の願望やニーズには、言葉にされるものも、されないものも、常におこたえします。
・私には、ユニークな、思い出に残る、パーソナルな経験をお客様にもたらすため、エンパワーメントが与えられています。
・私は、「成功への要因」を達成し、リッツ・カールトン・ミスティークを作るという自分の役割を理解します。
・私は、自分のプロフェッショナルな身だしなみ、言葉づかい、ふるまいに誇りを持ちます。

リッツ・カールトンでは一人ひとりに、これらが徹底されている。だから、社員に権限を渡すことができるのである。彼らは、毎日これらが記された小冊子を唱和し、自分の中に染み込ませる。それが自律的な行動となって現われるのである。
一方社員に対して行動規範を定めているだけではなく、経営者側も従業員に下記約束を宣言しているのである。

《従業員への約束》

リッツ・カールトンではお客様へお約束したサービスを提供する上で紳士・淑女こそがもっとも大切な資源です。信頼、誠実、尊敬、高潔、決意を原則とし、私たちは、個人と会社のためになるよう持てる才能を育成し、最大限に伸ばします。多様性を尊重し、充実した生活を深め、個人のこころざしを実現し、リッツ・カールトン・ミスティークを高める…リッツ・カールトンは、このような職場環境をはぐくみます。

ザ・リッツ・カールトン・ホテル日本支社長高野《たかの》登《のぼる》氏の『リッツ・カールトンが大切にする　サービスを超える瞬間』（かんき出版）によれば、リッツ・カールトン・ミスティーク（神秘性）とは次のようなものだ。

ある新婚夫婦がハネムーンにハワイ旅行を計画していたが、夫に病気が見つかり、仕方なくロサンゼルスのリッツ・カールトンに宿泊することになった。ホテルのバーで二人はせめてもの慰めにと、ハワイ名物のカクテル「マイタイ」を注文した。二人の話を聞いたバーテンダーは、二人をスイートルームへ案内する。その床には蘭の花が、漁網がかけられたベッドには貝殻が、そして浴室にはビーチのごとく砂が敷き詰められていた。二人は感激のあまり涙を流した。

このように、一人ひとりがリーダーシップをいかんなく発揮できる。それを奨励されている場がそこにはある。

(3) SAS

統計ソフトウェアをベースとしたシステム企業であるSASは、筆者が以前NHKの「クローズアップ現代」の「あなたの働き方が変わる② 社員のやる気をどう引き出す」(二〇〇三年十月二十九日放映)に出演した際に解説させてもらった企業であり、馴染み深い。

同社は、米フォーチュン誌が毎年発表する「最も働きがいのある会社ベスト100（100 Best Companies to Work For）」において、二〇一〇年に一位に選ばれており（二〇一二年は三位）、トップ10の常連である。また、業績も同社の発表によると（未上場のため非公開）創業以来三五期連続増収を果たしている。ソフトウェア業界の年間平均離職率が二二%に対して、SASのそれは約四%と非常に低い。

社員は会社の恩に報いる

同社は、社員のワークライフバランスに他社に先駆けて取り組んできている。たとえば、会社付設の補助金付きのチャイルド・ケアセンターの充実により女性社員が安心して働けるようにしており、ランチを家族で食べることを奨励している。夫婦共に社員の場合は、家族揃ってランチを食べる光景が至る所で見られる。

また、これも付設のフィットネスセンターが充実しており、多くの社員がジムやスタジオ、体育館で汗を流している。その他医療センターも無料で利用できるなど、社員の健康増進に対して多くの費用を投じている。

その理由は、ＳＡＳの業務は統計ソフトウェア開発をベースに、顧客管理・マーケティング分析、リスク管理、意思決定などをサポートするため、顧客との長期的なリレーションシップが鍵となることにある。そのため、顧客担当の社員が長年変わらない、ということが顧客にとって大きなメリットとなっているからだ。

ＣＥＯのジム・グッドナイトは、レイオフを行なわないことを宣言し、「社員を大切にし、投資を惜しまない。そうすれば長く会社にいつづけてくれる。長くいる社員はたいへん生産性が高い。彼らは、うるさく言わなくても自然と顧客を満足させてくれる。そうすれば顧客は進んで我が社の製品を買ってくれる。そうすれば自然と利益が転がり込んでくる」と語っていた。

同社は経営陣も含めて社員は朝九時から夕方五時までしか働かない。業績評価シートも廃止している。代わりに、マネジャーは少なくとも年に三回は部下と話し合いフィードバックを行なっているという。

ＳＡＳの基本的価値観は、「人は誰でも恩に報いようとするものだ」というものだ。また、社員には高いモチベーションがあるのを前提に経営を行なっている。社員を責任ある大人として扱い、素晴らしい仕事をしてくれるはずだと期待している。

北米担当のセールス・マーケティング担当副社長バレット・ジョイナーは、「大切なのはコーチングをほどこし、よき相談相手となることです。監視することでも管理することでもありません。信頼と尊敬。この二つさえあれば、目を見張るような成果を引き出せます」（チャールズ・オライリー、ジェフリー・フェファー『隠れた人材価値』翔泳社）と述べている。

社員を大人として扱い、自律性を引き出すために、場を整え、支援する。まさにリーダーシップ3.0である。

ちなみにこの発想は、第5章で詳しく述べるダグラス・マグレガーのXY理論の、Y理論、すなわち、「人間は本来進んで働きたがる生き物で、自己実現のために自ら行動し、進んで問題解決をする」という考え方に立脚している。マグレガーが指摘するように、組織のトップがY理論者であれば、メンバーもY理論に従って動くようになるということだ。

サボる人間が出ない理由

さて、ＳＡＳのような福利厚生が充実し、業績の査定もされずに幸せに働ける会社では、逆にその環境に甘えてサボる人間が出てこないだろうか。これについては、同社は、仮病を使ったり、悪知恵を働かせる社員には、同僚たちが目を光らせており、トップは関知しないと言う。サボる人間はやがて解雇されることになるということだ。

これは、詳細が明らかでないため少々怖いが、共同体意識を持った集団の中で、決められた役割を果たさない場合は、皆から咎《とが》めを受け、改心するか、さもなければいられなくなるという原理を使っている。

一方、トップが関知しないというところが、マネジメント2.0のコマンド・アンド・コントロールやトップダウンに代わるものとして、ピアプレッシャー（同僚たちの相互評価）を機能させ、自己規律を身につけさせる方が得策、ということに合致している。まさに、リーダーシップ3.0を実践しているのである。

（4）サウスウエスト航空

サウスウエスト航空のサクセスストーリーは、経営戦略の点からも、また人事組織マネジメントの点からも、すでに多くの書籍で取り上げられているが、リーダーシップ3.0の観点からも、やはりこの会社の例を示さないわけにはいかない。

同業者の嫌がらせを受けながらも三機の飛行機で一九七一年にサービスをスタートした、このテキサスの地方の後発会社は、二〇〇九年には年間輸送旅客数で世界最大の航空会社になった。

そして、大手航空会社が軒並みチャプター11（合衆国連邦破産法第11章）の適用を受けていく中で、唯一、三八年間連続で黒字を達成しており、またレイオフを行なわず、退職率は四・五％と航空機業界で最も低い。また、アメリカの運輸省が発表する「定時運航率の高さ」「紛失貨物最少」「顧客の苦情最少」の三部門において、毎年アメリカの航空会社中トップを占めている。

良好な労使関係を保ち、報酬は年功的、プロフィット・シェアと持ち株制度などの集団報奨制度中心でほとんどの社員が株主である。

格安航空会社の中でサウスウエストだけが勝ちつづける理由

フォーチュン誌の「働きがいのある会社ベスト100」のナンバー1(一九九八年)にも選ばれた同社は、絶えず入社希望者が殺到するが、採用基準は、愉快で楽しい人、感謝欲求の強い人だ。経験や専門性は問わない。スキルは入社してからいずれ覚えられる、と考えているからである。不採用になった人にいかに納得してもらうかに腐心しており、不採用の理由を全員にきちんと説明している。なぜなら、すべて潜在顧客であるからだ。

同社は、格別の顧客サービスを提供するために、物事をより良く、より速く、より安く成し遂げる、ことを価値観として置いている。後発の貧乏な航空会社としては、生き残るためにはそうするしかなかったからだ。

機材到着から出発までの所要時間が、業界平均三五分に対して、サウスウエスト航空は一五分である。一機当たり毎日五、六回離発着をするとして、毎回の離発着でこの二〇分の差が、全保有旅客機数とのかけ算になるわけで、どれだけのコスト競争力につながっているか計り知れない。

しかし、同社がすごいのは、成功し、他の航空会社がうらやむような高い実績を上げていてもなお、創業時の価値観や、行動をまったく変えずにやりつづけていることだ。

サウスウエスト航空がやっていることは、特別の秘密があるわけではなく、その後参入したＬＣＣ（格安航空会社）も真似をして一時は成功する。アメリカ国内で、一九七八年から一九八九年の間に創業した航空会社は八八社に上る。しかし、その後ほとんどの会社が没落し、八三社が経営破綻している。

サウスウエスト航空は、顧客にサービスを提供するためのバリュー・チェーンを常に意識している。それが他社に真似できない。

同社では、他人の仕事を理解するために、幹部、重役も含めて四半期に一日他部署で働くことを行なっている。その日は当然作業効率は悪くなる。どの部署にも素人が大勢いるからだ。しかし、これが顧客へのサービスのバリュー・チェーンを全員が理解するために非常に役立っている。どうしたら、次の仕事に効率的、効果的に渡せるかを皆が考えて行動するようになるからだ。

同社にインタビューに訪れた際に、たとえば荷物の積み降ろしにトラブルが発生した場合、パイロットが腕まくりをして荷物の積み降ろしを手伝うと聞き、仰天した。

サウスウエスト航空の、経営幹部の業績給は皆無で同業他社と比べて低い。また、創業メンバー元CEOハーブ・ケレハーの報酬は、常にテキサス州のワースト5にランクされていた。

社員を社内顧客として処遇していた

創業時からの精神は、ありのままの自分を好きなように自由に表現して、その個性を生かしてユニークな会社を作ろう、ということだ。

自発的になんでもやる、だから、仕事のやり方はすべて任せる。プロフェッショナルはいらないと言い、会社が利益を上げるために何人の乗客が必要なのかというような細かい経営情報を一人ひとりの社員に徹底的に共有させている。「情報が多いほど社員は努力するようになる」と考えているからだ。

整備士、ランプ要員、パイロット、客室乗務員、顧客サービス係などいかなる職種であっても、社員に会社の使命、ビジョン、価値観、哲学を語らせたら、ケレハーよりも上手く答えられるという。「私たちは優れた顧客サービスを行なう航空会社ではありません。たまたま航空業界に身を置いている、優れた顧客サービス組織なのです」とケレハーは言う。

また、社員がお互いに認め合うためのさまざまな表彰制度を持っている。顧客と直接接点があるために、認知されやすい客室乗務員だけでなく、普段は日の当たらないバックヤードの人たちにも等しく日が当たるような工夫を、たとえば、ユーモア賞、ベスト・クリーナー賞、ベスト・スパナ賞、心の英雄賞などを設けて行なっている。

彼らは、会社の将来を担っているのは自分だという自信があるから、その情熱やエネルギー、やる気を注ぎ込むことができる。ケレハーは「リーダーシップとは、自分が率いる人々のために献身的に身を粉にして働く奉仕者になることであり、人生の喜びや苦しみを分かち合うことなのだ」と言う。彼は、クリスマス会にエルビス・プレスリーの衣装で登場するなど、ユーモアによってとにかく社員を楽しませることを常に行なっていた。

社員が正しいことをせざるを得ない状況をつくる

サウスウエスト航空の経営陣は折に触れて、どんな事態が発生しても従業員が賢明な判断をし、正しい選択をしてくれると信じているというメッセージを流す（以下引用は、ケビン・フライバーグ、ジャッキー・フライバーグ『破天荒！サウスウエスト航空―驚異の経営』日経BP社）。

ネーションズ・ビジネス九一年版インタビューで、ケレハーは「我々の組織の空港で起きるすべての事態を事前に想定することなどできない」「きみが一番いいと思うように処理してくれたまえ。きみが判断し、君の自由裁量で決めてくれたまえ。われわれはきみの判断が正しいと信じている。きみが間違っていると思ったときにはそう言うが、誹謗や中傷はしない」と答えている。

また、前COOコリーン・バレットは「社員の皆さんが気持ちよく働ければ、もっとにこやかにいいサービスが提供できます」と語っている。

従業員は彼ら経営者について問われると「ハーブとコリーンは自分がやりたくないことを私たちにしてくれとは絶対に言わない」と答える。

トップが従業員に望む行動の規範を自然に示し、従業員にしてくれと言う前に、自分の義務を果たす。たとえば、感謝祭という航空業界の最も忙しい日、ケレハーは毎年ダラスの地上要員と一緒に荷物や食料の積み込みをしていた。幹部が懸命に仕事をすれば、指導者たちに対する敬愛の気持ちを募らせる。

同社の社員が適切なことをするのは、そうせざるにはいられないからだ。リーダーが社員を信頼し、自律性に訴える。社員は、リーダーを信頼し、自律的に動く。そこにはリーダーシップ3.0を長年具現化している場がある。

（5）　資生堂

資生堂の元社長の池田守男《いけだもりお》相談役は自著『サーバントリーダーシップ入門』（かんき出版）でも述べているとおり、グリーンリーフのサーバント・リーダーシップの考え方と出会い、その精神に共感し、組織を逆ピラミッドにたとえ、フォロワーのために尽くした。サーバントリーダーを具現化した人として知られている。

しかし、ここではあえて池田氏のことは取り上げない。それは、著書をご覧いただければ自明であるからだ。その池田氏の後を継いで社長になった前田新造《まえだしんぞう》会長の時代のリーダーシップについて触れたい。

すべてを顧客に評価してもらう

同社は数千人のビューティー・コンサルタント（以下ＢＣ）を抱えており、彼女らは正社員ではなくいわゆる契約社員である。職場は主に百貨店などの化粧品売り場で、お客様にお肌のチェックやアドバイスをし、製品を売っている。

さて、ある時期に同部門の売り上げが落ち、よからぬ噂が広がった。「資生堂に行くと高い商品を売りつけられる」と。

前田社長は、早速原因を調べたところ、以下のようなことが分かった。

ＢＣは、その期の戦略商品をどれだけ売ったか、で評価されていた。戦略商品はたいていは付加価値が高く、したがって高価なものだ。それを各ＢＣはお客様に薦《すす》めていた。これは自らが訴えている「１００％お客様志向」という理念に反すると即刻止めさせたのだ。

そして、顧客対応や販売方針の全権をＢＣに委任した。さて、経営品質はどのように担保するか。そのため行なったのが、ＢＣの評価を一〇〇％顧客に任せるという大胆な手法である。しかも、その方法は顧客に評価アンケートの葉書を渡し、投函してもらうという極めて古典的な方法によって。

人は与えられた指標に従って動くものである。ＢＣたちは、顧客満足という指標を満たすために、さまざまな工夫をし、提案し、自律的に動き出したのだ。

顧客を第一に考えるのであれば、直接顧客と接するＢＣは彼らに評価をしてもらうのが一番であり、彼らの行動を管理層、経営層は支えるべきである。これは、前任の池田氏から引き継がれた逆ピラミッドの発想の延長上にあるものであろう。

ＢＣはお客さんに高い商品を買ってもらう必要がないから、商売抜きで親身なコンサルティングを行なう。お肌の丈夫な人には、薬局でも買える安価な化粧水を薦めたり、中にはヘチマコロンのような他社商品を薦めたりする人もいたほどであった。

ＢＣはどうやって顧客に満足してもらうか、その一点だけを考えればよく、自律的にさまざまな取り組みを行なうようになったのである。

さて、できるだけ安い物を薦められたり、他社商品を薦められた顧客はどうなったであろうか。そこまで親身になってアドバイスしてくれるＢＣに感激する顧客が続出して、また資生堂に戻ってきたのだ。実際に、ＢＣ部門の売り上げも急回復した。

ここから学べることの一つは、前述のとおり人は与えられた指標に従って動くということだ。評価が戦略商品の売上高でなされれば、そう動くし、顧客の満足度で計られれば、そうなるということだ。これは、目標管理制度を行なっている多くの企業が学ぶべき点である。どちらに向かって仕事をしているのか、それは何によって計るべきなのか、と。

もう一つは、顧客にサービスを提供する現場の主体性、自律性を引き出すために、彼らがリーダーシップを発揮する「場」を整えるのがリーダーの役割であるということであり、それがリーダーシップ3.0の最も強く訴求したい点でもある。

（６）スターバックス

マニュアルがなくても店舗の運営が上手くいく理由

言わずと知れた世界各地でコーヒーショップを展開する同社は、マニュアルのない会社として知られている。各店舗の運営は基本的に各店舗に任せられている。すべてマニュアルで管理しているマクドナルドと好対照である。

コーヒーを入れるためのバリスタの研修は、全世界共通で厳しく基準を満たすように求められる。また店舗の内装も、世界でブランドイメージの統一感を持たせるために厳しく定めている。しかし、店舗運営に関しては各店の店長が、他の社員やアルバイトの学生などと常にディスカッションを行ないながら工夫している。それぞれの店舗で客層も異なるため、接客の仕方も変わるのである。

どうしてそのように任せられるのか。それは、同社の価値観、ミッション、ビジョンが明確で、個人に浸透しているからだ。

コアバリュー（価値観）：人を大切にする
ミッション：私たちはコーヒーを売っているのではなく、コーヒーを提供しながら人を喜ばせるという仕事をしている
ビジョン：人々の心に活力と栄養を与えるブランドとして世界で最も知られ、尊敬される企業になる

これらを具現化するためには、どうしたらよいかということを日々ディスカッションを通じて考え、行動しているのである。だから、各店舗に任せてもぶれない。ちなみに、上記ビジョンは、実質的創業者のハワード・シュルツCEOが作ったものではなく、従業員との話し合いの中で、従業員から出てきたものだと言われている。

経営品質はどのようにして保たれるのか。スターバックスでは、ミステリーショッパーと呼ばれる検査員が不定期に各店舗を回り、注文して、その応対を評価することによって、担保している。

スターバックスは、拙著『パーソナル・リーダーシップで仕事を進めろ！』でも紹介し

たが、「パーソナル・リーダーシップ」を行動規範として定めている。個人個人がリーダーシップを発揮する、すなわち自律を促しているのだ。リーダーシップ3.0が実践されている「場」があるのだ。

(7) ホンダ

意外と知られていないがホンダは、本田技研工業と、本田技術研究所とに分かれ、自動車、バイクのメーカーである前者と基礎研究を行なう後者に分かれている。

後者はコストセンターであり、採算にとらわれることなく研究を行なえるため、そこから次々と新しい製品につながる技術が生み出される。近年で言えば、他の日本企業が取り組まない、小型ジェット機やディーゼルエンジンなどがその代表だ。

ホンダのユニークな開発プロジェクト

さて、同社を取り上げた理由は、前者のメーカーのそのユニークな開発プロジェクト方式である。

新車の開発プロジェクトが、承認されると、まずプロジェクトマネジャーが任命される。同社は、ポジションに関係なく新車の提案をするような仕組みになっているが、提案者が任命される場合もあれば、まったく別の人間が選ばれる場合もある。

選ばれたプロジェクトマネジャーは、メカ、エンジン、排気などの各機能からそのプロジェクトを成功させるために相応《ふさわ》しい人材を招集し、新車開発プロジェクトのチームが作られる。

プロジェクトマネジャーは、当該プロジェクトの最高責任者であり、セールス、マーケティングなどのスタッフも束ね、社長と同等の権限が与えられる。若手社員はその姿に憧れ、大きな責任を負った仕事、いわば修羅場、土壇場、正念場を経験しながら育っていく。

さて、各部門はもちろん通常のヒエラルキーにしたがって運営されている。しかし、そのなかからこれは、と思う人材をプロジェクトマネジャーが引っ張ってこれる人材プールにもなっているのだ。これは、従来のヒエラルキー型組織＋人材プールによるプロジェクトベースの組織運営になっており、それが常態化して仕組みになっていることが非常にユニークである。

「リーダー」は「上司」ではない

ここで注目されるのは、プロジェクトマネジャーは、集められたメンバーの上司ではないということである。自分の上司は、それぞれの所属部門にいる。しかし、一旦開発プロジェクトに組み込まれると、新しいリーダーの下、チームの目的に向かって頑張るのだ。ちなみに、プロジェクトマネジャーには特別な手当ても支払われない。給与が変わらないから、自身もまた自由に異動できるのである。

リーダーは、プロジェクトを率いる全権限は持っているが、各担当者の上司ではないため、役職により彼らをマネージするわけではない。権限を振りかざしても、そっぽを向かれるだけだ。そうなってしまっては車やバイクは完成しない。

大幅な製作期間の短縮を課せられたプロジェクトや、まったく新しい手法に取り組んだプロジェクトを成功に導き、社内でも最も注目されている存在であるチーフエンジニアの一人にインタビューした際に、自分の役割について次のようなコメントをしていたのが印象的である。

「私の役割は、全体のスケジュール管理と、あとは一人ひとりのエンジニアがいかに気持ちよく、ストレスなく働いてもらえる場にするかということです。私には専門外のことは分からないのだから、彼らにやってもらうしかないのです。だから、私は私にできることをやっているだけです」と。

プロジェクトメンバーたちが、日々働く場に上司がいるわけではない。それぞれが専門家としてここに呼ばれている。自分の役割を確実に果たし、そしてチーム全体が目的を達成できるよう自ら判断して主体的に動いているのだ。

これは、まさにリーダーシップ3.0を体現していると言えないだろうか。

(8) マッキンゼー

私も働いていたことがある、マッキンゼー・アンド・カンパニーは通常の事業会社とは異なり（コンサルタントは自らの仕事を「虚業」と言って憚《はばか》らない）、いわゆるプロフェッショナルファームと言われている組織である。したがって、そのリーダーシップのあり方をそのまま事業会社に当てはめることは無理があるだろう。しかし、その人材プールの仕組みは、前述のホンダのプロジェクトチームと同様なのである。

誰がやっても同じ価値を提供する

組織上の階層を簡略化して分けると、ディレクター／プリンシパル、マネジャー、（アソシエイト）コンサルタント、アナリストであり、人材はそのどれかになる。ディレクターが取ってきた仕事を、マネジャーが回す。そのプロジェクトメンバーとして、コンサルタントとアナリストが入るのである。

ホンダと異なる点が二つあり、その一つ目は、プロジェクトマネジャーが、コンサルタントとアナリストを選んで組織化するのではないというところである。メンバーを選ぶのは、継続案件などを除いてはディレクターですらない。アサイナーと言われる、人のアサインを行なう専任の人がおり、その人が決めるのだ。

マッキンゼーには、基本的な考え方として、たとえばコンサルタントは誰を選んでも同じ価値を提供する、という前提がある。したがって、実は組織上の階層というものはなく、ただマネジャー、コンサルタント、アナリストという役割にそれぞれ人材プールがあるということである。

プロジェクトにおいては、マネジャーやクライアントに直接の責任を負うディレクターの指示にしたがって動くことになるが、マネジャーにしてもディレクターにしても、上司ではない。プロジェクトが終了すれば、またそれぞれが元の人材プールに戻る。

ホンダとの違いの二つ目は、元の人材プールには戻るが、そこがヒエラルキーの組織ではないため、上司が元々存在しないという点だ。では、人材プールに戻ったコンサルタントらは何をしているか。一つは、ビーチという何もしない状態である。プロジェクト期間中はまったく休みが取れないことも多々あるので、その間ゆっくりとする。後は、ディレクターらから特命の調査を頼まれたり、あるいはワールドワイドの研究調査に加わったりする。いずれにしても、上司は不要なのだ。

マッキンゼーのミッションとプロフェッショナリズム

マッキンゼーは以下のようなミッションを持っている。

・クライアント企業が筋肉質で強い競争力を備えた企業となり、それが業績向上という目に見える成果を生みだし、さらには継続的な成長を具現化できるよう資すること

・マッキンゼー自身が優秀な人材を惹き付け、その人材の才能を最大限に引き出しながら、彼らを夢中にさせつづけられる組織であること

そして、それを可能にするマッキンゼーを支えるプロフェッショナリズムは以下のようなものである。

・極めて高次元の問題解決力を備えていること（クライアントにとっての最重要分野において最も秀でた存在でなければならない）

・高度な知識、先端的な知見を備え、絶えず高めていることは当然の前提

・クライアントに直接奉仕する存在であり、マッキンゼーという組織のために働くのではない
・高い職業倫理

同社だけでなく、外資系の経営コンサルティング会社は、「Up or Out」の仕組みがある。つまり、コンサルタントは、数年でマネジャーに昇格しなければ外に出る、マネジャーになって数年でシニアマネジャーに昇格しなければ外に出る、シニアマネジャーになり数年でプリンシパルに昇格しなければ外に出る、というものである。

実際、会社で長く働こうというコンサルタントは滅多にいない。いつ辞めるかというタイミングを皆探している。たとえば、次のプロジェクトが終了したら退職しよう、というように。それにもかかわらず、プロジェクトにコミットし、自らの役割を全《まっと》うし価値提供しようという強い力が働くのは、ひとえに上記のプロフェッショナリズムを一人ひとりが持っているからに他ならない。

会社に対するロイヤリティがあるわけではない。しかし、プロジェクトに対するコミッ

トメントは強烈で、それはプロとしての自負からくるものだ。では、そのようなプロフェッショナリズムはどこから生まれるのだろうか。

もちろん、そのような意識を持てそうな人材を採用はしている。しかし、たとえば学卒でアナリストとして入社する人が、元々プロフェショナリズムを持っているはずもない。

それを可能にするのが、明確なアプローチのコンセプトと行動規範である。中でも「ピア・プレッシャー」と呼ばれるものが非常に特徴的である。それは次のようなものだ（エリザベス・ハース・イーダスハイム『マッキンゼーを作った男　マービン・バウワー』ダイヤモンド社）。

《ピア・プレッシャー》

"So, what?"　（だから、何？）

"Why?×5"　（なぜ？、それはなぜ？、それはまたなぜ？、それはまたまた、なぜ？、それはまたまたまた、なぜ？　五階層くらい掘り下げてようやく真実が見える）

"What's new?"　（何が、新しいの？）

"Prove it"（証明してみて）

これらを、会議の場、その他あらゆるコミュニケーションの際、常に投げかけながら会話がなされる。もちろん上下関係はないので、思いつきや甘い発言は、後輩からもどんどん容赦なく突っ込まれるのである。ちなみに、私はいまでも"So, what?"と言われるのを非常に嫌っている。あの頃の苦い思いが蘇るからである。

これが、マネジメント2.0のところで出てきたもので、上から管理されるのではないが、各人が自律的に動くための強力な力を発揮させるのである。非常に上手いリーダーシップ3.0の場の作り方であると、このようにまとめてみて改めて思う。

(9) IDEO

IDEOは、世界最高と言われるデザイン・ファームであり、数多くの優れたデザイン設計とイノベーションを起こしてきた。たとえば、アップルの初期のマウスは同社と共同で生み出したものだ。

同社も、いわゆるプロフェッショナル・ファームに類すると思うが、同社の発想とプロセス、すなわち優れたデザインを生むためには、そのような場を設定して、整えるという、まさにリーダーシップ3.0のリーダーに必要なことが行なわれているので、紹介したい。

イノベーションを生み出す「デザイン思考」

彼らは、イノベーションとは、顧客価値を見つけ出すことであると定義している。すなわち、技術を生み出すことがイノベーションなのではなく、技術を顧客価値につなげることがイノベーションである、ということである。

冒頭にも述べたとおり、個人が画期的な技術を開発することで、素晴らしい製品やサービスが生まれる、というようなことは現代では期待できない。それは、多くの人の知恵を持ち寄って試行錯誤の末にしか、なし得ないのである。

ＩＤＥＯのアプローチは極めてシンプルだ。それは、以下の三つを行なうということである。

1. 観察する（Observation）：イノベーションは観ることから始まる。ものごとの本質を見抜く

2. アイデアを創造する（Brainstorming）：多様な専門性やバックグラウンドを持った社員が集い、アイデアを練り上げる＝コンセプト構築

3. カタチにする（Prototyping）：アイデアをすぐに形にしながら考える。試作を繰り返しながら、問題点・魅力を発見する＝簡易試作

基本的には「試行錯誤型アプローチ」である。まずはフィールドに出て徹底的に観察し、そこからアイデアを自由に出しあい、プロトタイプを作る。それを用いたテストマーケティングなどを通じて実地の試験・検証を行ない、そこで問題を発見、解決するというサイクルを回しながら、完成に近付けていくというものだ。これを「デザイン思考」という。

前述のとおり、現代のようにトップでも正解が分からない時代には、このデザイン思考

による試行錯誤が求められ、注目されるのである。

米国型ビジネススクールに対するアンチテーゼ

こうした思考法は、同社ゼネラル・マネジャーであるトム・ケリーの『発想する会社！』（早川書房）では、「フィールドワーク」「プロトタイプ」「ユーザーテスト」「ブレーンストーミング」などのツールを使った、理解・観察・視覚化・評価と改良・実現の五つのステップからなる方法論として紹介されている。経験、感性、異領域の出会い・協業を重視するもので、方法論というより文化であるという捉え方もできる。

したがって、デザイン思考は、「企業経営とは事前にきちんとした計画を立て、それを間違いなく実行することである」という、米国型ビジネススクールの考え方に対するアンチテーゼでもあるのだ。

同社、および同社のクライアントに行くと、新商品開発のためのデザイン・ルームは一種独特である。

壁、ボードにおびただしい数の言葉が書かれたポストイットが貼り付けられ、マジックで絵や線が縦横無尽に描かれ、カラフルな色で溢れている。そしてあちらこちらに紙や粘土やプラスチックで作られた、工作物、模型がゴロゴロとしているのである。オフィスというより、小学校の図画工作教室に近い。

発想のプロセスを大切にしているため、ブレーンストーミングを行なった痕跡や、プロトタイプを何度も繰り返すので、前に作った物もすべて残しておくことが必要なのだ。

当然のことながら、ブレーンストーミングを有効にするには、自由に意見を言うことが奨励され、かつその意見を安心して言えることが担保されていることが大前提で、リーダーがそういう場を作り、整えることが必要である。この点は第5章で詳しく見ていく。

(10) セムコ社

セムコ社はブラジルの業務用機器を中心とするコングロマリットで約三〇〇〇人が働き、ブラジルで学生が「就職したい企業ナンバー1」に選ばれている。CEOのリカルド・セムラーが会社を引き継いだ時には、財政的破綻に瀕《ひん》していたが、その後ブラジルで最も急成長した会社の一つとなった。社員の自律性を引き出すための場と環境作りをこれほど端的に行ない、しかも成功しつづけている会社は他にないかもしれない。

ノルマもマニュアルも出張旅費の規程もない会社

その経営手法は一般の企業運営からみれば破天荒であろう。

セムラーは改革を行なうために強いリーダーシップを発揮したわけではない。著書を読むと、むしろ、改革やルール撤廃、経営陣の刷新などにも一つひとつ思い悩み、苦しみ、もがきながらなんとか共感者を増やし、徐々に組織を変えていったのが分かる。

セムラーのリーダーシップは、「民主主義」「利益分与」そして「情報」という三つを基本的な価値としている。それはすなわち、従業員を「大人として扱うこと」である。労働者を金でいやいや服従させている企業が、進取の気性に富んだ従業員参加がなされている会社と勝負にならないのは自明だと考えたからだ。

そのため、ノルマ、マニュアル、ルール、規則を撤廃した。そして、従業員が自身で判断するために、経営上の数値をすべてガラス張りにし、将来の利益を左右する経営者の意思決定に対して疑問を呈する機会を十分に与えた。それが、ある意味ではもっと厳しい立場を取らせることになると考えている。

たとえば、服装規程もなく、旅費規程もないが、その場に相応《ふさわ》しい服装と、自ら必要と考えるようなホテルに泊まることを自分で選ぶ。実際には旅費のチェックは誰もしておらず、いくら使われているか知りようがない。セムラーは、「われわれがそれを会社の金や判断力についてその人間を信頼できないなら、どうして会社の名前を背負わせて外国に送り出すことができようか」と述べている（「セムラーのエンパワーメント経営」、『DIAMONDハーバード・ビジネス・レビュー』一九九四年十月〜十一月号　以下同様）。

何かをくすねたり、着服する人間はいるかもしれないが、それらはごく少数であるから、三％の守れない従業員のために「残りの九七％の従業員を冒瀆《ぼうとく》するようなことは止めているのである」と、保安調査、保安室の南京錠、小口現金管理の検査も止めてしまった。

図表3-2　サークル型の組織運営

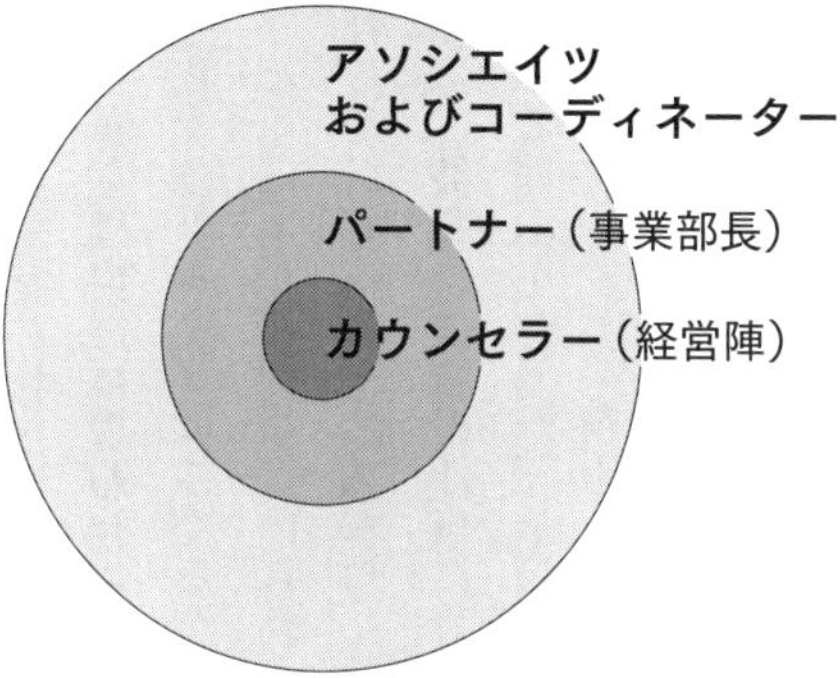

組織はピラミッド型ではなく同心円状であり、アソシエイツの中には、パートナーよりも高額の報酬を受け取る者もいる

リーダーを選ぶのは彼ら自身である

また、組織はピラミッド型を廃し、サークル型とし、同心円の中心に、カウンセラーという経営陣、その外側にパートナーという事業部長、さらにその外側にアソシエイツと呼ばれる、研究、設計、販売、生産に関わる従業員がいる。

彼らは、部下を持っておらず、そのなかから常設、あるいは臨時のチーム、タスクのリーダーが選ばれ、コーディネーターと呼ばれている（図表3－2）。社長以下すべての社員の肩書きはこの四つしかない。アソシエイツは、しばしばパートナーやコーディネイターよりも高給を取っており、経営陣に加わらなくともさらに報酬を増やすことが可能となっている。

タイムレコーダーも撤去した。セムラーは言う。「彼らは、時を経ず、同僚に合わせて自分の勤務時間を調整し始めるだろうと予想していたのだ」。皆でどうしたら仕事が回るかを話し合い、その後ほとんどの人は複数の仕事がこなせるようになっていった。さらに、リーダーは自然に現われると考える。「グループの必要とするものはすべてそうであろう。我々はグループはつくるが、リーダーを選ぶのは彼ら自身である。組織構造がないのではなく、上から押し付けられた組織がないだけである」とも述べている。

これらからセムラーの基本的な三つの価値が、生きていることが分かる。民主主義による参加は、彼らに自らの仕事に対する支配権を与えた。利益分与は彼らにこれらをさらに上手くする理由を与えた。そして、情報は彼らに何が機能し、何がまずいかを教えた。

まさに、セムラーが行なったのは、場を与え、整えたことだけであった。以前より3.0のリーダーシップを実践し、成功しつづけている企業の例である。

第4章

永平寺に学ぶリーダーシップ3.0

——企業以外の組織での事例

（1）永平寺――日本古来のリーダーシップ3.0

リーダーシップ3.0は最新型のリーダーシップということでは必ずしもない。日本の伝統的な組織で連綿と受け継がれてきた例もある。それは、曹洞宗の大本山である永平寺である。

永平寺は厳しい規律で知られ、集団生活の中での修行は、時に殴られることもあるほど激しいものだ。実際、その組織の統率の仕方を日本陸軍が視察に来て学んでいったと言われているほどである。それが、どうしてリーダーシップ3.0と結びつくのか？　と思われる方も多いと思う。

禅の始まり

まず、禅について馴染みのない方もいると思うので少し解説したい。リーダーシップと大いに関係があるからである。

禅は大乗仏教のひとつとされるものである。お釈迦《しやか》さま（ガウタマ・シッダールタ）が得た悟りは「不立文字《ふりゅうもんじ》」と言って、言葉では表現できないとされ、その真髄が禅だと言われている。その内容は釈迦牟尼《むに》からその弟子の摩訶迦葉《まかかしょう》へ、その後も師匠から弟子へと脈々と受け継がれ、それが二八代目の達磨《だるま》大師により宋の時代に中国に持ち込まれた。これが実質的な禅宗の始まりとなる。

その後、いくつかに分派されるが、大乗仏教の流れを汲む天台宗を日本に持ち帰って広めたのが最澄《さいちょう》である。最澄が開いた比叡山延暦寺《ひえいざんえんりゃくじ》で修行をした僧の中に、栄西《えいさい》、道元《どうげん》がいた。彼らは、宋へと渡って禅の悟りを得、それぞれ臨済宗と曹洞宗を開いた。栄西は建《けん》仁寺《にんじ》を開いた後、幕府とも近い関係にあり、その後、鎌倉に円覚寺《えんがくじ》、建長寺《けんちょうじ》が建立された。

一方、道元は一時栄西の建仁寺で修行していたが、延暦寺からの圧力があったこと、権力との癒着を嫌ったことから越前に移り永平寺を開いたと言われている。道元はセクショナリズムを嫌い、禅宗という宗派を名乗ることすら認めてはいなかった。

臨済宗は問答による真理の追究を主とする一方、曹洞宗は坐禅（只管打坐《しかんたざ》＝ただひたすらに打ち坐る）による真理の追究を修行とするという違いがある。

禅とは、無の追究であり、自分の地位、関係性、過去、未来にも左右されず、ありのままの自分で今を生きることを追究する。すなわち、欲、利己、執着を否定することにより、自分の本質を肯定するというものである。身につけるのではなく、手放す。その本質を見つけるのが坐る、ということである。そして、その究めるあり方が、武道、華道、茶道に結びつく流れとなっていくのである。

禅修行とリーダーシップの関係

禅は瞑想ではなく、坐禅そのものが目的なのだと言われる。では、何のために坐禅するのか？

臨済宗の僧侶で芥川賞作家の玄侑宗久《げんゆうそうきゅう》さんが言われていたが、「『分かった』はない」ということである。分かったと悟った気持ちになっているうちは、ちっとも分かっていないという意味であろう。

坐禅は腹式呼吸による呼吸法を行なうが、それが脳によい理由を有田秀穂《ありたひでほ》さんは、以下のように説明する（玄侑宗久、有田秀穂『禅と脳』大和書房）。

・セロトニン神経を活性化（セロトニンを分泌。ノルアドレナリン、ドーパミンの暴走を抑え心のバランスを整える）
・大脳皮質の働きを抑え、大脳辺縁系・脳幹を元気にする

これは、ジョギングなどの単純な繰り返しのリズム運動でも同じ効果が得られるようで、頭や気持ちが行き詰まった時に、ジョギングをするとすっきりするのはそのような理由からなのである。

現代人は、新しい脳である大脳皮質ばかり使い、古い脳である大脳辺縁系や脳幹を使っていないから、ストレスが溜まりメンタルや健康を損《そこ》ねてしまうという指摘がある。上記書で玄侑宗久さんが、「記憶とか思考をバカにするようなところが禅にはあります」という表現をしていたのが非常に面白い。

筆者も永平寺を訪れ、朝課に参加し、永平寺の末寺である清涼山天龍寺《せいりょうざんてんりゅうじ》を訪れた。天龍寺は江戸時代には松尾芭蕉《まつおばしょう》も訪れた由緒ある道場で、住職である笹川浩仙《ささがわこうせん》老師は永平寺で二〇年修行をし、その後も多くの雲水の指導にあたっている。ここで数日間本格的な

修行体験をさせてもらうことになったのである。修行は現代の生活に慣れきった身には非常に過酷であるが、そこには現代の日本人が取り戻すべき多くのものがあると実感した。

夜は九時三〇分就寝、朝三時三〇分起床。特に、朝課や法要を担当する部署、食事を担当する部署は、皆の起きる二時間前、すなわち真夜中の一時三〇分に毎日起床して準備をする。

摂取するのは一日一一〇〇キロカロリーで、動物性タンパク質は一切とらない。そのため、修行中は睡眠不足と栄養不足でふらふらの状態になるという（しかし、自然のリズムに合っているので慣れれば快適になるそうだ）。

しかも徹底した規律による集団生活で、また各部署は少人数で運営されている（たとえば、総勢二〇〇名以上の僧のすべての食事を数名の食事担当部署の僧が作っている）ため、行動は効率的かつ効果的であることが高いレベルで求められる。

このため、身のこなしなど、鋭敏な身体感覚が磨かれ、日常生活の営みが高いレベルで実践されるようになる。それは、「ただ、歩く」「経本を配る」「物を持つ、運ぶ」などといった単純な身体所作を、正しく身につけるための厳しい稽古が継続して行なわれることによって身についていく。これが、武道、華道、茶道に結びついている。

究極の肉体的精神的状態においてこれらのことが日々実践されていくので、永平寺で修行を終えた雲水によると、体が心身のベストな状態を記憶しているので、いつでも「またそこに戻れる」と言う。

これが、有事の時に直感的に意思決定、行動できる身体に結びつくのだという。実際に火事が起こった場合なども想定し日頃からの備えを怠らない。まさに一人ひとりにリーダーシップを涵養《かんよう》しようとしているのだと感じた。

七六〇年続くマネジメントの秘密

永平寺では、道元以降、名前の知られたいわゆるカリスマ的なリーダーは現われていない。むしろ、それを必要としないと言ってよい。

永平寺では、二〇ほどの部署に分かれて仕事をしている。そして、総本山永平寺の人員数は二〇〇名を超える程度で、それ以上増やすことはしていない。三〜六カ月ごとに「ジョブ・ローテーション」があり、異動先の部署で一から仕事を学ぶ。

特徴的なのは、複雑な仕事も細分化して、新人でもできるレベルにし、その役割を任せてしまうことだ。たとえば、日々の生活はすべて「鳴りもの」（鐘の音）に合わせて運営されており、非常に重要なものだが、それを入ったばかりの右も左も分からない新人（入山してから数カ月は皆この「鳴らしもの」公務に就く）に任せてしまう。任せきる。

新たな配属先で、まずやることは大量の公務帳（やることマニュアル）を書き写すことである。それをやれば、たとえどんなにその仕事に向いていないような者もやれるようになるからだ。

ミスは部署内で厳しく叱責されるが、それぞれの部署が責任と権限を持っており、他部署や、たとえ猊下《げいか》（貫首）であっても、簡単にはモノを言うことはできない。むしろ、部門リーダーは、自分のところの担当者を守ろうとするのだ。

責任と権限を与えられる中で、それぞれのメンバーに求められるのは専門性ではなく、どうしたら無作為に巡ってきた自分の役割を果たし、自部署を他部署とうまく連携させ、寺全体の仕事を滞りなく回していくかのスキルである。すなわち、全員が全体最適を考えるということだ。

専門性を追究してもそれがゆえに評価されることはなく、そのうちに違う部署に移ることになるので、自らの仕事を抱え込んだり、スキルや知識を自分だけで留めておいたりする必要がまったくないのである。「アイツより」できるようになってやろう！という能力的に比較優位に立つ意味がまったくないので調和と全体最適を指向するようになる。

永平寺のマネジメントが優れているのは、規律が厳しく一人前になるまで厳しく鍛えられるほか、責任や役割を細分化し、それを各人に早々に委《ゆだ》ねてしまうことだ。あとは、リーダーがそのつど指示を出さなくても、それぞれの判断で行動するようになる。

こうして約一年間で各僧侶をリーダーに育成する仕組みとなっている。最初はとにかく厳しい生活で、逃げ出す者もいるというが、一人前になると白の草履から黒に変わるとか、さらに上に行くと黒縁で形も決まっている眼鏡をおしゃれな物に変えられるとか、さらに修行を終えた僧は袈裟《けさ》の色が変わるなど、先輩の僧の姿に憧れ、自分も修行に耐え、上に行きたいというインセンティブにもなるようだ。

しかし、それ以上に、根底にはみなが同じ釜の飯と風呂を共有している家族であるという意識、そして食事も生活も公務もすべてが修行であるという鍛錬の意識が大きく働いている。だからみんなで怠けてしまうということがないのだ。

永平寺の僧の完成度の高さは、至るところで窺える。たとえば、永平寺は、斜面に立つ多くの建物が廊下で結ばれており、その廊下は結構な勾配《こうばい》なのだが、僧たちは、よっぽど仕事が忙しいようで常に走って移動している。しかし、たとえ廊下の端からでも古参（先輩層）の姿が見えたら、相手が通り過ぎるまで頭を下げつづけている。

また、朝課で若い僧が高僧を迎える最初の入場シーンでは、脚さばきが見事で複数の僧の白い足袋が同期してきびすを返す様は、スローモーションの映像を見ているようで、それは芸術のように美しいのである。そのような感動を味わうことは他の寺院ではまずない。

あえて名前は出さないが、全国的に有名で大勢の参拝客を集めるある寺院では、僧侶たちが掃除をしながらにやにやと無駄話をしていたり、あるいは待遇改善を訴え参拝客に署名を求めていたり（僧侶組合というのがあるのであろうか?）で、非常にがっかりした記憶がある。

無料のリーダー養成機関

　永平寺の経営は、毎日大勢訪れる参拝客から徴収する拝観料や、朝課に出席するために宿泊し精進料理を食す宿泊料、法事を行なう際に支払うお布施、そしてお土産代などで成り立っているわけではない。それらは、もちろん重要な収入である。しかし、最大の収入は、全国の曹洞宗寺院からの上納金である。

　寺の規模にもよるが、曹洞宗の寺院は毎年相当額の上納金を永平寺に支払う仕組みになっている。永平寺が、全国一万四六〇四寺、信者数七〇六万五〇〇〇人の曹洞宗の頂点であることを考えると、いかに経営上安定しているかが分かるだろう。ちなみに、日本で最も多いコンビニエンス・ストアはセブン-イレブンの一万三七一八店（二〇一一年十二月時点）で、それより多いのである。臨済宗の信者は一五〇万人以下である。

　日本最大の仏教宗派は、浄土真宗であり信者数は一二四〇万人超である。ただし、それは宗派全体の合計であり、内訳は浄土真宗本願寺派（西本願寺）一万二八〇寺で、信者数六九四万人（二位）と、真宗大谷派（東本願寺）八六〇〇寺で信者数五五三万人（四位）などからなる（島田裕巳『浄土真宗はなぜ日本でいちばん多いのか』幻冬舎新書）。単独では、曹洞宗が寺院数、信者数ともに日本最大なのである。

永平寺に入山（修行）するためには、曹洞宗の寺院に身元を置く修行僧であることがまず条件となる。そこから推薦された者が毎年限られた人数のみ派遣される。サラリーマンや調理人など別の職業に就いていた者が僧侶となり、修行に来る者もいるという。

中には三〇代後半から四〇代の者もいるというが、彼らには過酷な生活に、年齢によるハンディキャップがさらにのしかかる。二〇代前半の若者はほぼ大学の宗教学部出身者である。彼らの多くは曹洞宗の寺院の息子であり、跡取りである。

修行者は修行をさせてもらうにもかかわらず、入学金も、授業料も一切いらない。食事も賄《まかな》われ、むしろ袈裟などが支給される。すなわち、研修教育機関に譬《たと》えるならば、永平寺が丸抱えで研修、授業を行なっているということだ。

立派な僧を育成し、彼らが一人前になってまた全国の曹洞宗の寺院に戻り、彼ら次世代の「リーダー」の多くは寺を継ぐことになる。そして、お布施として永平寺に上納金を納める仕組みができあがっている。無償でリーダー育成を行なうことによって、またそれが返ってくる循環があり、それがサステナブルな仕組みとなっているのだ。

永平寺というブランドの力

全国から集まった修行僧は、まず付設の寺に一泊する。そこで、携帯、スマートフォン、携帯音楽プレーヤーなど修行に不要な私物はすべて回収される。下着も保温効果のあるようなもの（たとえばヒートテック）などはすべて回収される。そして、翌朝正門の前に立ち「たのもー」と何度も何度も叫ぶのである。

筆者が訪れたのは二月、極寒の山間には吹雪が容赦なく吹き付ける。そこで、約二時間、ただただ待たされるのである。それ自体に耐えられずに入山をあきらめ、帰る者さえいるという。

筆者が修行を体験した天龍寺に、外国人の修行僧がいた。彼は、その後間もなく永平寺に入山した。筆者は純粋な興味から、日本人にも堪え難い修行を、「なぜ好き好んでするのか？」と質問してみた。

彼の答えは、一言「ブランド」だった。すなわち、あえてあの厳しい「永平寺で修行を終えた」ということがブランドになり、その後の僧としてのキャリアにおいて非常に大きな意味を持つということである。特に檀家さんとの関係において、そのブランド力は絶大だと言っていた。

これは、ビジネス界に置き換えると、たとえばハーバードビジネススクールでMBAを取ったとか、マッキンゼーでコンサルタントをやっていたとか（ちなみに筆者は一年余りで「修行」から逃げ出した脱落者だが）といったことと同じではないかと感じた。

以下に改めて、永平寺の七六〇年続くマネジメントの仕組みを箇条書きにしてみた。

・強力なリーダーを必要としない（道元以降、強力な猊下はいない）
・拡大を指向しない
・他人から奪い、競争することを必要としない、共有を前提としたシステム
・専門性の追究ではなく、バリューチェーンをいかに効果的に効率的に回すかの全体感を身につける
・猊下といえども、掃除役にモノを言えない
・上の人間が責任を取る
・規律と教育

・役割を細分化し、誰でもできるレベルにする
・任せる／任せきる
・ジョブ・ローテーション
・一年でリーダーを育成する仕組み
・組織のブランド力を高め人材を惹き付ける

さて、いかがであろうか。リーダーシップ3.0を悠久の昔から実践している日本の組織があるということを理解していただけたであろうか。

（2）大学の自主ゼミナールが育《はぐく》む「自律」

企業ではないが、大学も組織であり、そこにも当然リーダーシップは必要である。

多くの大学では三年になると学生はどこかのゼミ（ゼミナール）に所属する。当然、通常の授業と同様に単位になり、大学によっては学部でも卒業論文が必修でその場合にはゼ

ミの担当教官の指導を受ける。ちなみに、慶應義塾大学湘南藤沢キャンパス（SFC）では、五年ほど前から必修になったため、必ずどこかのゼミに所属する必要がある。

さて、そのような正規のゼミとは別に、自主ゼミというものが存在する。単位にはならないから学生は出席を取られることもなければ、評価されることもない。また教員も大学からその活動が評価されることもなければ、認知すらされない。つまり、やってもやらなくても別に構わないというものだ。

しかしながら、というよりそれがゆえに、自律ということがなければ成り立たない。学生はただ出席すればいい、課題を提出すればいいというものではなく、毎週教室に行けば何かを教えてもらえるというわけでもないのだ。

また、教員の方も、完全なボランティアであり、ゼミの時間やその準備の時間はいわば手弁当、持ち出しである。よっぽど学生に教えたがりの場合は別として、通常は学生側からの強い働きかけがなければ、やっていられないのである。

自主ゼミ存続の危機から生まれたクレド（信条）

そんなある自主ゼミの話だ。七年ほど前、やはり学生からの依頼によって始まり、最初は毎週皆で集まって先生の教えを請うというものだった。それが、だんだんと教員の本の輪読したり、企業研修で行なうようなさまざまなトレーニングや、一般のゼミのように夏合宿、春合宿もやるようになった。自主ゼミの存在は特に公開していなかったが、先輩に連れられて後輩が入るようになり、やがて評判が広まり参加希望者が大勢集まるようになった。希望者が多い年は、倍率が三倍という「狭き」門になることもある。

三人一組の面接での結果を持ち寄り、最後はゼミ生全員で入ゼミの可否を決定する。そして、その記録をきちんと残しておく。また、残念ながら不合格になった人には、きちんと理由を説明する。「あなた自身のせいではなく、あくまでゼミとの相性、目指す方向性の観点から、今年は見送らせていただいた」というように。実際に、再チャレンジして翌年、翌々年に合格して入ゼミしてくる学生もいる。

ゼミ生は大学一年生から大学院二年生までおり、特に学年は規定しておらず、常時二十数名で、年度によって多少前後するが、学生の卒業によって、三分の一から半分くらいが、入れ替わるという循環になっている。

教員を交えて有志でスキーに行ったり、マラソンや駅伝に出たりするようになっており、学生と教員の距離は近く、また他に正規のゼミに所属していても大学生活の中心がこの自主ゼミという学生も多い。

さて、そのようなゼミだが、過去二度ほど危機に瀕したことがあった。一度目は、今から三年ほど前、八月初めに夏合宿に行った後、学生から教員に一カ月以上なんの連絡もなく、そして九月になってから、いきなり全員に対するグループメールで「そろそろ新学期だからビールを飲みに行きましょう！」という連絡があった。

教員は、それを読んだ時に怒りを禁じ得なかった。教員は、学生と一緒に活動すること自体が好きであったが、それ以上に自分の知識や経験を伝え、刺激し、気付きを与え、学生たちが成長していく姿を見るのがゼミを続ける最大のモチベーションであった。「夏合宿へのサンクスメールもなく、新学期のゼミ構想もなく、いきなりビールか！　一体何のために、我々はゼミをやってるんだ？　そんな仲良しサークルみたいなノリなら止めた方がいい！」という趣旨の内容を教員はゼミ生たちに投げかけた。

図表4-1　ゼミ生が作ったクレド

●最初のクレド

Kosugi Seminar

相互高揚
気づきを与えあい、お互いを高めあう場

多様性の尊重
それぞれの良さや個性を見つけ、尊重し合う

愛と絆
それによって、みんなが楽しくカッコよく生きる

行動規範

1.出来ない・やれない、という言い訳をしない
（だって好きで集まってるんでしょ？！）

2.限界を作らない、可能性を信じてやる
（You can! We can!）

3.待たない、恥じない、ためらわない
（あんたが主役！）

4.感謝、愛情を表現することをためらわない
（自分もされたら嬉しいでしょ？！）

5.相手の気持ちを考え、本音でコミュニケーション
（だってホームでしょ？）

6.時空を超えてより高みへ、
（Positive! Active! Creative!）

7.常に笑顔で楽しんで
（口角を上げるとモテる！）

8.初心忘るべからず
（絶対に忘れられない原点がここにある）

●改訂版のクレド

基本理念

I　相互高揚
気づきを与え合い、お互いを高め合う場

II　多様性の尊重
それぞれの良さや個性を見つけ、尊重し合う

III　愛と絆
それによって、みんなが楽しくカッコよく生きる

信条

自分から発信して自分から受け入れる
～GiVE&GiVE～

想いや考えを言葉に
～I am OK , you are OK～

仮面をとる～Open Mind～

全力で感謝表現、愛情表現を、

誠実に、誠意を持って、
本音でコミュニケーション

常に笑顔で楽しんで

ゼミ生たちは、慌てた。このままではゼミの存続が危ういと。そして、学生たちが集まり、教員からの投げかけである「一体何のために、我々はゼミをやってるんだ？」を皆で徹底的に討論した。そして、教員の授業でも習っていた、基本理念と行動規範を定めたクレド（信条）にまとめた（図表4－1上段）。教員は、そのディスカッションに立ち会ったが、基本的には発言せず、表現や構成をまとめる際に多少手伝いをした程度だ。

その後、自分たちで作ったクレドをカードにして各人が持ち歩き、そして毎回ゼミの開始時に自分たちの行動がクレドに沿っているかをお互いに確認するようになった。一人ひとりが自律的に動き、さまざまな役割を自ら買って出るようになり、ゼミは活性化し、皆の一体感が非常に強くなった。

その後代替わりし、前のクレド作りに参加した人間はほとんどいなくなり、内容にしっくりこない（特に「〜しない」という否定表現）という意見も出て、自分たちのクレドを作りたいということで、学生たちが集まって修正した。これには、一切教員は立ち会わなかった（図表4－1下段）。学生たちは、クレドを確認しながら、前にも増して活発に活動した。

なぜ続けるのか、を考える

さて、さらに代替わりし、ゼミは二度目の危機を迎える。

クレドを作ってからは伝統であった、ゲストスピーカーを招いての講義、飲み会などのイベントがあった際のサンクスメールを出さない人間が多くなったり、出しても内容が形式的だったりするようになった。また、遅れて出席する、あるいは先に帰る者がきちんと挨拶をしなかったり、ゼミを欠席する者がきちんと事前に連絡をしなくなったりした。さらに、参加しても自分から進んで関わろうとせず、受け身の姿勢であった。ゼミ自体がまったく不活性な状態であった。

教員は、ゼミ生たちに投げかけた「その回のファシリテイター（毎回のゼミを回す担当者を決めている）に対するリスペクトも感じられないし、私自身もないがしろにされていると感じている。君たちは一体何をしにきているのか、そして私も何をしにきているのか分からない。このままでは来期ゼミを続けているイメージができない。そのイメージができるまではゼミに行かないし、全体メールにこれ以上投げかけもしない」と。

ゼミ生たちは、各々教員に個人的に自分にとって自主ゼミはなくてはならないものであり、続けてほしい旨のメールを出した。また、何度も集まりお互いの意志の確認と、なぜ続けるのか、どう続けるのかを話しあった。

みなゼミを続けたいと思っていた、しかし、その想いをお互い、あるいは教員に毎回のゼミで言葉で伝えようとしていなかったし、新規にゼミに加入したという遠慮から仮面を被っていて自分を出せず、全力で感謝や愛情を表現していなかった。そのことを認識し、これからはそれを出していこう、言動で「ＧＩＶＥ」することを示そうと誓い、教員を再び迎えた。

教員は、メールで個々人の想いは分かっており、全体メールには投げかけはしなくとも、それぞれに個別にメールし自分の想いを返していた。またゼミの代表とも連絡を取り、どのような方法で現状を打開すべきかというアドバイスもしていた。

ただ、本当に学生たちは変われるのか半信半疑であった。しかし、二週間振りに教室に入って皆の表情を見た時に、挨拶をかわした時に、合点した。「ああ、彼らは本気で変わろうとしているんだな」「よっしゃ、自分もその気持ちに応えて、彼らの成長のためにまた、刺激を与えて支えていこう」と。

それからのゼミは見違えるようになり、一人ひとりが主体的積極的にゼミに、そして教員に関わろうとし、リーダーシップをとろうとしているため、毎週のゼミの教室に入った途端非常に大きなエネルギーと前向きさ、一体感が溢れているのを感じるようになった。

これらは、みなゼミ生と筆者との間に実際に起こったことだ。

今後も代替わりすると、また同じようなことが繰り返されるのだろう。ただ、自主ゼミである以上、一人ひとりの自律性が必須であり、それを引き出し、一人でも多くの学生が自律的に働く、ということの準備をして社会に出ていく支援をしつづけたいと思っている。

その結果、自主ゼミは、卒業したＯＢ・ＯＧも含めて皆同じコミュニティにいる意識を持ちつづけており、イベントなどにも彼らが大勢駆けつけてくれたりするのである。

さて、読者の皆さんは、これは、大学の、しかも単なる自主ゼミの話であり、企業ではまったく当てはまらない、と片付けてしまうだろうか？

（3） 米国陸軍

本章の最後に、トップダウン組織の代表である軍隊もリーダーシップ3.0を取り入れているという意外な話をしたい。

陸軍といえば、当然のことながらピラミッド型組織の中でも最も厳しい上意下達のトップダウンの指揮命令系統が徹底されている中央集権システムである。

各階層の権限と命令の伝達方法は指揮命令マニュアルにより厳格に定められている。命令の鎖と言われ、司令官からの命令がその下の指揮官に伝えられ、またその下、そして末端の兵士に伝えられる。兵士は命令を待たずに行動することは禁じられていた。

軍の指揮命令系統を見直させた事件

しかし、「戦術インターネット」というシステムを導入し、現場の装甲車で戦場全体の情報を絶えず把握し、敵の動きをリアルタイムで知ることができるようにした。

司令部は、現場から上がってくる膨大な情報を整理し、現場を情報面で支える、それが司令部の新たな役割となる。指揮命令系統を見直し、現場の兵士に情報と決定の権限を与える。

きっかけとなったのは、世界各地で勃発する地域紛争の中でソマリアで起こった紛争であった。国連平和維持活動の一環で派兵した戦闘で、民兵にヘリコプターが撃ち落とされ、車両部隊は入り組んだ道を司令部からの情報が届かない状態で右往左往し、結果一八人の米軍兵士が戦死し、多くのソマリアの民間人の被害者も出た。

これを機に刻々と変わる現場の状況に対応できない、今までのピラミッド組織を全面的に改革することになった。

情報だけでなく、従来トップに集中していた権限を、末端の兵士にも与える。言われたことしかできないようではだめで、兵士はリーダーとしての力を求められることになる。さらに、装甲車だけでなく、一人ひとりの兵士に情報を与え瞬時に判断できるようウエアラブルコンピュータが開発されたのである。

二十一世紀型の組織とは

マサチューセッツ工科大学スローンスクールのトーマス・マローン教授は、二十一世紀型の組織を研究している。同教授が中心となり世界一七カ国二六四組織を研究し、その中にはセブン-イレブン、トヨタなど七社も入っている。

その結果同教授らが描いた組織図は、組織メンバーが所属する部署はなく、縦横無尽に行き交う点と線で三次元に結ばれた図だ。その中に大きな円がいくつもあるが、それがプロジェクトを表わしている。プロジェクトは専門性を持った個人が縦横無尽に結びつくことで次々に生まれ、それによって、新たなパワーが生まれる。組織内外も含め情報を共有し、支援しあうというシステムである。

個人の裁量、権限は現在と比して格段に増える。トーマス・マローン教授は以下のように語っている（NHKスペシャル「変革の世紀　第二回　情報革命が組織を変える？　崩れ行くピラミッド組織」二〇〇二年五月十二日放映）。ちなみに私は在学中、教授のインフォメーション・テクノロジーの授業を取り、教えを受けていた。

「自分の居場所、自分で何をすべきかを探さなければならない。個人に求められるのはや

図表4-2　21世紀型組織

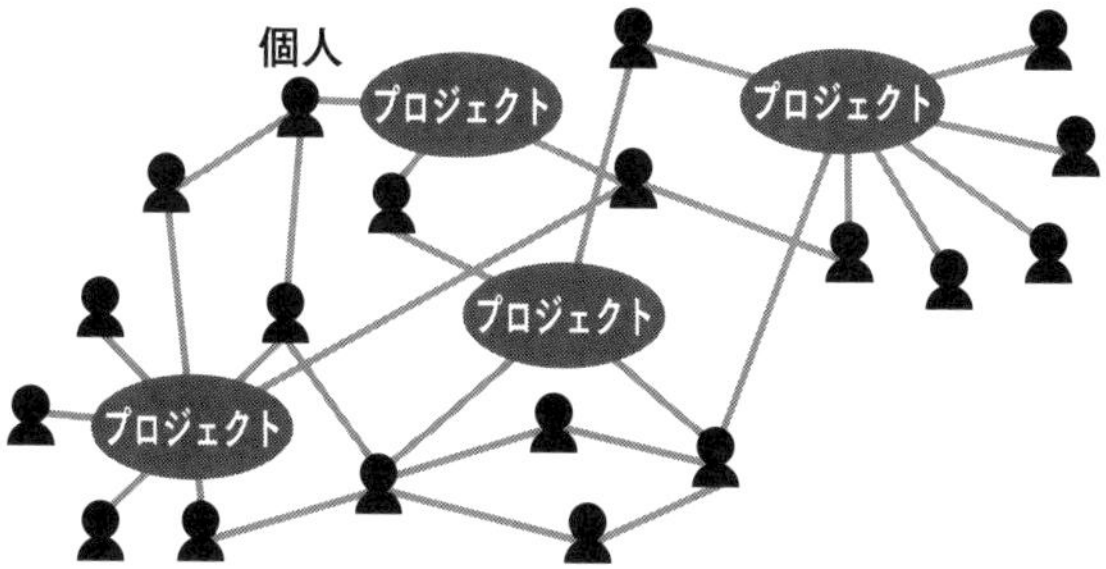

トーマス・マローン教授による21世紀型組織のイメージ。組織メンバーは部署に所属するのではなく、それぞれ縦横無尽につながっている。その結びつきの中でプロジェクトが自由に生まれる

るべきことが決まっていない不安定な状況に置かれてでも、決して動じない能力。一見関係ない情報、だれもが当たり前だと思われているような情報に、新たな価値を見出す力が問われる」

「日本の企業は伝統的にピラミッド組織が強く、個人が力を発揮しにくい。しかし、その一方で、横とのつながりで素晴らしい製品を生み出し、成果を上げてきた。個人が主役となる時代にどのような成果を上げるか、興味深く見ている」

第5章

「3.0」リーダーに必要とされるもの

（1） リーダーシップ3.0に必要な要素とは

3.0のリーダーは、それまでのリーダーと異なり、ヒエラルキーの上に立って率いるわけではない。したがって、以下のような要素が必要となる。

要素1　ビジョンを持ち、語る

すべてのリーダーにとって必要なのは、ビジョンを持つことである。

このことを説明するために、最初に、「人材マネジメント・バリューチェーン」について説明したい（図表5－1）。

企業には、その組織にとって不変の基本理念が存在する。次にくるのがビジョンである。しかし、経営環境が変化すれば、それに伴ってビジョンも変化する。というより、変化させなければならない。これが明確に示されていなければ、組織も社員も株主も、それ以外のすべてのステークホルダーも、その会社がどこに向かおうとしているのかを理解することができない。それくらい重要なものだ。

図表5-1　人材マネジメント・バリューチェーン（価値連鎖）

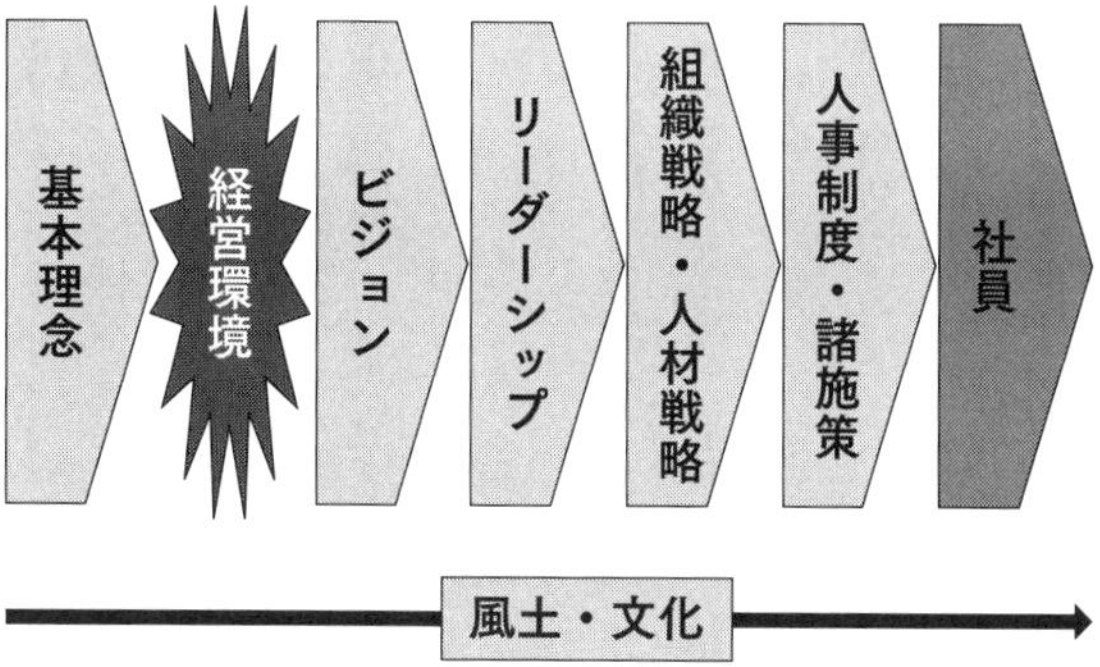

出典：小杉俊哉『人材マネジメント戦略』（日本実業出版社）より

その次にそれを実現するエンジンである経営者、経営層のリーダーシップがある。どのようなリーダーシップが必要になるかは、前述のとおり、時代により、企業の背景により異なる。さらに、どのような組織で、人材でそれを実現するのかという戦略が必要になる。

そして、ようやくその後に人事制度や人事の諸施策があるのだ。それらが、社員に対して強い作用を及ぼす。その社員が顧客に価値を与え、企業の競争力が決まるのである。

これらすべての要素が有機的に結合・連鎖し、同じ方向性を持つことが企業が社会に価値を与え、存続するために必要なのである。

これが、人材マネジメント・バリューチェーンである。

しかし、多くの日本企業は、成果主義という言葉に踊らされて、他の要素を考えることなく人事制度だけに手を付けた。これではベクトルがバラバラになり、社員はやる気を失い、そして実際多くの優秀な社員が会社を去ったのである。そのことを、拙著『人材マネジメント戦略』で一九九九年に警告したのであるが、残念ながら、企業のリーダーたちは聞く耳を持たなかったようである。

ビジョンは戦略でも計画でもない

さて、重要なことは、上記のとおりベクトルの方向性を合わせることであるが、もう一つはこの順番である。まず先にビジョンが必要だということである。そうでなければ、戦略は立てられない。

これも、また多くの日本企業が、経営戦略という言葉に踊らされ、ビジョンを持たないまま、経営戦略至上主義を取るようになっていき、経営コンサルタントを雇い、逆にどの業界も似たような「戦略」を取るようになって共倒れになったのである。

リーダーは人々がまだ見ていないもの、見えないものを見る。人々がまだ見たこともないものを、あたかも今ここにあるかのように語り、人々にそれを見せるのだ。

ビジョンとは、将来像である。将来の明確なイメージを今ここにあるかのようにまざまざと思い浮かべる（＝visualize）、ということである。

組織のビジョンにしても個人のビジョンにしても、今はまだ夢のような将来のイメージをワクワク、ドキドキしながら想像することである。したがって、なぜ、という理由は必要としない。「なんとなく」「好き」「嬉しい」「気持ちいい」「楽しい」ということで十分なのだ。逆に、そのような気持ちにならないものはビジョンとはなり得ないのである。

これらの感情は、古い脳である、脳幹（反射脳＝は虫類脳）や、大脳辺縁系（情動脳＝ほ乳類脳）で起きるものである。それを具体的な計画にする時に初めて大脳皮質（理性脳）を使う（図表５－２）。この使い分けが重要である。最初から、大脳皮質を使うと、ビジョンではなくて事業計画になってしまうのだ。

ちなみに、最近は市場調査を行なう際に、街頭アンケート調査はあまり行なわれなくなった。商品の嗜好《しこう》を消費者に聞いたところで、本当は、脳幹や大脳辺縁系で判断している

図表5-2　ビジョンと戦略の違いは、使う脳の違いである

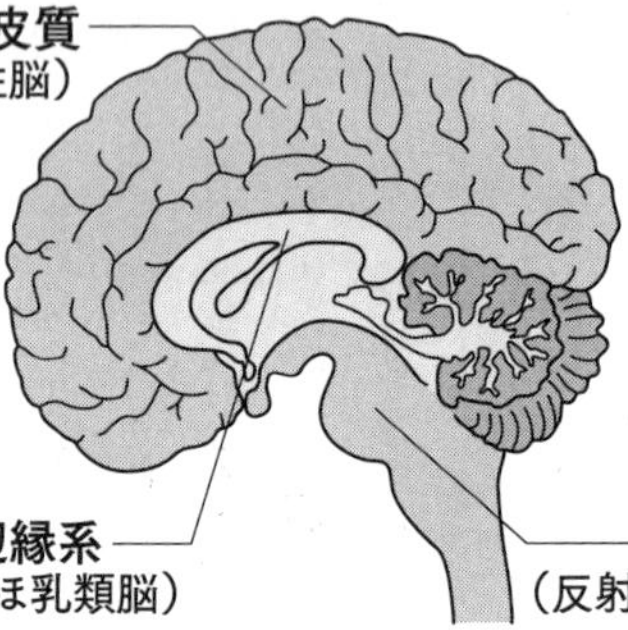

プランや戦略を作るときは大脳皮質を使うが、ビジョンを描くときは脳幹や大脳辺縁系など古い脳を使う必要がある

ので「なんとなく」だったり「ピンときたから」だったりするのだ。

しかし、それではバカっぽいので、後付けで大脳皮質を使い、機能的に優れていたからとか、コストパフォーマンスが良かったから、など優等生らしい、もっともらしい答えを選んだり、答えたりするのである。

すなわち、マーケティングの専門家からは、「消費者は無意識にウソをつく」と考えられている。そのため、インタビューの代わりに上述のＩＤＥＯのように、消費者の行動を徹底的に観察することによって、商品選択の仕方とか、ニーズとかを把握しようとするのである。

企業の経営層や管理職でも、中期事業計画とビジョンとの区別がついていない人が多い。三年後の売上高、収益モデル、製品構成、市場シェア、従業員数の目標がビジョンではない。

また、ビジョンは予測でもない。前出のゲイリー・ハメルは、著書『リーディング・ザ・レボリューション』(日本経済新聞社)中で以下のように述べている。

「未来を展望できない理由は、未来を予測できないからではなく、未来を想像できないことに起因する。好奇心と創造性が欠けているのが問題で、明晰さとは関係がない」

「目的は将来を予測することではなく、自分に何ができるかを想像することだ」

ホンダ、松下、ソニーもビジョンから生まれた

本田宗一郎が、浜松のバイク屋だった頃、世界最高峰のマン島TTレースに出場するというビジョンは当初夢物語であった。しかし、そのような夢舞台に行くことを本気で話す宗一郎のビジョンに社員たちは次第に惹き付けられ、本気でそれを実現しようと取り組む

ようになった。初出場の一九五九年は、125ccクラスで六位だった。それから二年後の、一九六一年に、125cc、250ccクラス、共に一〜五位を独占した。そして世界のホンダ、になったのだ。

それから、ホンダは四輪車の製造に乗り出した。私が小学生の時だが、車好き少年の私は子供心にも「ホンダが車なんて作って大丈夫なのだろうか?」と思った覚えがある。しかし、N360、TN360は大ヒットした。そして宗一郎は、今度はなんとF1グランプリに出場する、しかも、世界一になると語ったのだ。社員は燃え上がった。そして一九六四年に初参加した翌年、メキシコF1グランプリで優勝を遂げたのだ。

本田宗一郎に限らず、かつて日本企業の成功は、多くのビジョナリストによって実現されたのであった。

松下幸之助は、その「水道哲学」で、蛇口をひねれば水がどんどんと出るように、安価な電化製品が次々と家庭に供給され豊かな暮らしを具現化することを語った。ガス灯、ランプの時代に、スイッチを捻れば明かりが灯るという便利な生活。

同じく、洗濯板で洗濯していた時代に、洗濯物を箱に入れておけば勝手に洗われる。井戸で物を冷やしていた時代に、箱に入れておくだけで冷える、腐らない。薪をくべて風呂を沸かしていた時代に、スイッチ一つでお湯が沸く。それらは、すべて私が子供の頃の新潟の田舎では夢のような、憧れの都会的な生活であった。

そして、本当に次々と蛇口から水が出るかのように、実現されていったのである。従業員は夢中になってそのビジョンを実現すべく働き、消費者は熱狂してそれらのビジョンを享受したのであった。

ソニーもまた然り。太平洋戦争敗戦を伝える天皇陛下の玉音放送を聞きながら、盛田昭夫《もりたあきお》は、「日本の製品は品質が悪いという外国での評判をどうしても変えたい」と心に誓った。井深大《いぶかまさる》は、「この大きなラジオを持ち運べたらどんなに便利になるだろう」と考え、ポケッタブル・ラジオを作る。どんな困難があろうと、トランジスタ・ラジオの開発に全力を挙げよう。ラジオ用のトランジスタは開発できると確信したのだった。翌年創立した、東京通信工業の設立趣意書には会社設立の目的が含まれている（一部、抜粋）。

一、真面目なる技術者の技能を、最高度に発揮せしむべき自由闊達にして愉快なる理想

工場の建設

一、日本再建、文化向上に対する技術面、生産面よりの活発なる活動

一、無線通信機類の日常生活への浸透化、並びに家庭電化の促進

要素2　リーダーになる

革命家は想像力と情熱を持って生まれる。たとえば、マーティン・ルーサー・キング・ジュニアは、人種差別撤廃のために非暴力の人種差別撤廃運動を指導し、一九六三年八月のリンカーン記念堂前で行なった有名な演説で、"I have a dream"と人種差別のない将来像を、想像力と、情熱をもって訴えた。

白人の子供と奴隷である黒人の子供が、一緒のテーブルを囲んだり、手を取り合って黒人の歌を唄う、肌の色ではなく能力によって評価される、などというのは当時はあり得ない話であった。その光景を人々が今目の前に起こっているかのように語ったのだ。それが、その場で聞いていた二〇万人の聴衆のみならず、世界中の人々の共通のビジョンとなった。そして、人種差別を撤廃する公民権法がそれから一年もしないうちに制定されるこ

とにつながったのである。

アメリカの学校では例外なく、高校生になるまでに誰もが何度もそのキング牧師のビデオを見、議論をするということを通じて人種差別について考える機会を持っている。

ちなみに、どのくらいキング牧師がアメリカでその栄誉を讃えられているかというと、一月第三月曜日がマーティン・ルーサー・キング・デイとして祝日に制定されていることからも分かる。他にアメリカで個人の誕生日が祝日となっているのは、ワシントン初代大統領（プレジデント・デー）のみである。

しかし、キング牧師は、最初から偉大なリーダーであったわけではなかった。教会において地位の高い牧師でもなかった。公民権運動の最初の頃、中年の黒人女性教師が肌の色を理由にバスの席を譲るように言われ、拒絶したために逮捕されるという事件があった。その仕打ちに抗議するため、バス・ボイコットを呼びかけた。しかし、心配で眠れず、翌朝、誰も乗っていないか様子を妻とともにそっと確かめに行ったそうだ。

「運動を通じてキング牧師が作られていった。フォロワーとの相互作用によってリーダーシップという影響力が生まれた」、「変革は上層部の指導で行わなければならないのか？

変革を起こすのに地位や、政治力は関係ない」（野田知義、金井壽宏『リーダーシップの旅』、光文社新書）のであろう。

非暴力不服従により、インド独立の父となったガンジーはロンドンで弁護士だった頃どうやって仕事を取るか悩んでいたという。

南カリフォルニア大学のウォレン・ベニス教授は著書『リーダーになる』（原題“On Becoming A Leader”, 1989, Addison Wesley）の中でリーダーの必要条件という見方で以下の五つを挙げている。

・指針となるヴィジョンを持っていること
・情熱を持っていること
・誠実であること
・信頼を得ていること
・好奇心と勇気を持っていること

「リーダーになる（On Becoming Leader）」というとおり、「リーダーになろうと目指すのではなく」、その行動の過程でフォロワーを伴い、「結果としてリーダーになる」ものなのであろう。

世界各国の英雄譚を調べている、神話学者ジョゼフ・キャンベルは、国や時代の違いにかかわらず、どれもみな、旅↓偉業↓生還、という展開になっているという指摘をしている。

たとえば、「桃太郎」は、誰もが恐れて近寄らなかった鬼が島に、蛮勇を振るって鬼退治に出掛ける↓その過程で、犬、雉《きじ》、猿といったフォロワーがお供をし、ついに鬼退治に成功する↓そして故郷に錦を飾る、という展開だ。

映画『フォレスト・ガンプ／一期一会』では、主人公が全米をただ走っている。すると気が付けばとてつもない数のフォロワーが一緒に付いてくるのである。

要素3　ミッションを持つ――天職とギフトの違い

ＳＮＡコーチング協会によるエグゼクティブ・コーチングプログラムでは、リーダーシップの源泉として次の三つのパーツを定めている（住友晃宏・松下信武『エグゼクティブ・コーチング』プレジデント社）。

①IQパーツ
　経営戦略、マーケティング、研究開発、人事・人材育成、コンプライアンス、財務会計、営業、生産管理
②EQパーツ
　コミュニケーション能力、リーダーシップ、メンタル・タフネス、フィジカル・タフネス
③イメージと種子（ビージャ）
「自分が何であるか」を追求する、自分の心からの夢や欲求を思索する、人生で果たすべき使命を発見する

人事責任者や、企業研修を通じて実に多くの人たちと接してきたが、筆者の実感は次の

ようなものである。

三〇代までであれば、ＩＱに加えＥＱが高められれば、周囲から評価され成果も上げられる（ちなみにＩＱだけでは、それがどんなに高くとも人と関わる仕事では機能しない）。しかし、四〇代以降はそれだけではかなり薄っぺらい印象を人から持たれるだろう。

人生を半分生きて、少なくともビジネス・パーソンとしては、後半戦に入っているのに、自分が何者であり、何をこの世の中に残したいのか、どのような人生哲学を持っているのか、ということを意識し、また人に語れるようでないとリーダーにはなり得ない。

そのため、エグゼクティブを対象としたコーチングプログラムでは、その部分を一つの独立したパートとしているのだ。

イメージは前述のとおりビジョンそのものである。「ビージャ」とはサンスクリット語で種子、の意味で、この世に生を受けて一生を終えるまでを表現している。種子から芽を出し、成長し、やがて花を咲かせ、やがて散り、そしてまた種として土に返っていく。そこで、どんな話を咲かせ、そして後進に何を遺すのか、を意識することがその人の成熟を表わすのである。

それは、フランスの小説家アンドレ・ジッドの小説「一粒の麦もし死なずば」にも出てくる、ヨハネ伝第十二章二十四節の「一粒の麦もし地におちて死なずば、ただ一粒にてあらん。死なば、多くの実を結ぶべし」とも相通じる。

キャリア開発研修では、受講生にキャリアビジョンを設定してもらえればよいのだが、このような理由から、筆者はリーダーシップ研修では、リーダーシップビジョンに加えて、必ず自身のミッションを考えてもらうようにしている。

しかし、実際のところ自らのミッションを考えあぐねる人も多い。その場合には、自分の「ギフト」について考えてもらう。

ギフトは言うまでもなく、「天賦の才能」という意味であるが、それは必ずしも、一流のスポーツ選手、アーティストなどのような、人より優れた特別な才能だけを指すものではない。人はこの世に生を受ける際に、必ずその人それぞれ、自分でなくてはならないものを授かっている。それは、必ずしも天職のような形で気付くのではない。天職とギフトの違いは次のとおりである。

《天職》

・探し求め、あるいは巡り合うものである
・職業、仕事そのものを指す
・自分で納得、満足することで意識する

《ギフト》

・機能、役割、使命（mission）、という性質を持つ
・社会への貢献、お返しとして意識する
・一方、ギフトを使っている人は、おそらく天職に就いていると思える

自身のギフトに気付き、それを活かす術を習得しつづけることにより、誰もが活き活きと輝けるのである。

筆者の例を示すと、人の表情や言葉から相手の内側を洞察することが自分のギフトだと考えている。しかし、それによって幼少時代から、相手の反応に過敏で、周囲をいつも気

にして、傷つき、自分を苦しめてきたものであった。独立してからは、そのマイナスなものをギフトと考えるようになった。それは一人でも多くの人に「自律した人＝リーダーになるためのきっかけ、気付きを与える」という自分のミッションには欠かすことができないものだと、あるときに気付いたのである。

要素4　他者を支援する、という自然の成長に従う

拙著『ラッキーな人の法則』（中経出版）でも明らかにしたが、成功している人を分析すると、それまでの「自己承認と自己確立」から「他者支援・感謝」へのシフトは、人の自然な成長である。自分がやるのではなく、部下や後輩にやらせて、彼らが結果を出せるよう応援する立場に回る。若い頃の「野心」は必要だが、いつまでもそれだけだと人が付いてこない。

一般的には四〇代前半と言われる発達心理学の「中年の危機」は、いままでのやり方、あり方が通用しなくなり、違和感を覚え、達成感や成果が得られなくなる時期である。無理も利かず、体力は落ち、若い奴らにかなわない、自分の能力はこの程度と感じ、若い頃抱いていた理想から離れ、いろいろなものに限界を感じはじめるということだ。

ところが、それは、別の方法の模索、新たな能力の発見、価値観・世界観の変化、新しい人生を生きるチャンスでもある。

中年の危機（ミッド・ライフ・クライシス）は、クリエイティブ・イルネス（創造性の病）であり、心が最も成長するときでもある。今まで自分が身につけてきた、いわゆる「勝ちパターン」が使えなくなる。そのために、自信がなくなる。

しかし、それは「いままで生きてこなかった、もう一つの自分を生きる」、すなわち新たな自分のアイデンティティを確立するということでもある。この時期を乗り越えることによって、心が全体性へと向かい、中年期、老齢期へのさらなる成長へつながるのだ。

心理学者エリク・エリクソンは、それを「世代継承性」と表現している。それは、将来世代の幸福に対する成人の関心、あるいは関与である。人は中年期にさしかかると、世代継承を担うという心理的な課題に取り組むようになる。人はその関心を自分の利益に関することから、家族・あるいは共同体、そして自分が将来世代に遺していく世界へと広げていくものだ、ということだ。

この「世代継承性」を持てない、すなわち次世代を育成することに関心が持てないと、個人的にも社会的にも、「停滞」してしまうのだ。

一方で、世代性を持つには、自分自身が確立されてなければならない。ある程度、自分を確立し、深みを持っていないと、それを次の世代に託せないだろうし、それ以前に託そうと思わないであろう。

アルバート・シュバイツァーは次のような言葉を遺している。「我々は何かを得ることによって生活しているが、人生は与えることによって豊かになる」。

要素5　人間力を磨く

近年、「人間力」ということが言われるようになった。しかし、それは人によって、また時として、人間性、人間味、徳、人徳、品格、器、精神性など、さまざまな意味で用いられる。以下にいくつかの定義を示した。

・文部科学省人間力戦略ビジョン「新しい時代を切り拓くたくましい日本人の育成」

（二〇〇二年小泉首相時に定義策定）
1．自ら考え行動するたくましい日本人 2．「知」の世紀をリードするトップレベルの人材の育成 3．心豊かな文化と社会を継承・創造する日本人 4．国際社会を生きる教養ある日本人

・日本経済団体連合会「若者の人間力を高めるための国民会議」（二〇〇五年発足）
「社会の中で人と交流、協力、自立した一人の人間として力強く生きるための総合的な力」

・社団法人日本経済調査協議会「人間力で新たな産業ダイナミズムを――ニューエリートが導くパラダイムシフト」（二〇〇五年調査報告）
人間力とは、
・知を深化させる想像力 ・精神を高める文化力 ・革新的な技術力 ・リスクに挑む経営力 ・社会を安定させ、持続させる倫理観

を包含した人間の総合的な力

これらの定義を見てもいま一つ腑に落ちないのは筆者だけであろうか。筆者が、なるほど、と感じたものがある。一橋大学の野中郁次郎《のなかいくじろう》教授が、本田宗一郎の人間力について書かれていたものである。それを箇条書きにして下記する（『日本経済新聞』二〇〇六年一月二十六～三十一日「やさしい経済学　日本の起業家」）。

・人を引きつける独特の雰囲気
・確固とした人生哲学や豊かな人間性
・周囲の人をその熱気に巻き込んで実現してしまう人心掌握
・なにが社会的に「善」かを体験的に知っていた
・誰もが最初は無理な目標と思いながら、宗一郎の話を聞いていると「できるかもしれない」と考えてしまう影響力
・遊びも尋常ではなく、多様な人間を通して審美眼が磨かれ

・場の状況を読み適切に対応することで他人の共感を呼び起こす能力

もちろん、誰もが宗一郎のような人間力を備えることはできないであろうが、人間力というものが、どんなものであるのか実感として受け取れるのではないだろうか。

要素６　仮面をとる――リーダーは弱さを見せていい

研修を行なっていると、リーダーとは、決して部下に対して弱みを見せてはいけない、と思っている人が結構多い。しかし、人間的な魅力は、仮面を被っている人からは感じようがないのだ。

ロンドンビジネススクール教授のロバート・ゴーフィーはガレス・ジョーンズとともに、長年文献を調べ、何千人ものエグゼクティブに対してインタビューをし、数十社のクライアントをつぶさに観察し、また自社で実地検証した結果、真の意味で部下を触発するリーダーになるためには、次の四つの要素すべてが必要で、かつ相互作用を生んでいることが必要と結論付けている（「共感のリーダーシップ」、『ＤＩＡＭＯＮＤハーバード・ビジネス・

レビュー』二〇〇一年三月号)。

(1)自らの弱点を認める　(2)直感を信じる　(3)タフ・エンパシー(厳しい思いやり)を実践する　(4)他人との違いを隠さない

例として、ナイトの称号を持つヴァージングループ創始者で会長のサー・リチャード・ブランソンを例に挙げている。彼は気球で大西洋横断をするなどの冒険家でも知られ、イギリスにおけるアイドルであり英雄でもあるが、赤面症かつ、どもり症で、人前に出てそれをさらけ出してしまう。それがより一層彼の魅力となっていることを指摘している。

筆者は、自己理解→自己受容→他者理解→他者受容、の順番を辿《たど》るのだと考えている。自分の弱点を受け入れない人は、他人をそのまま受け入れることはできないからである。

簡単に言えば、自分は完全ではないと知って、自分の弱さも含めて引き受ける。他者の力なしでは何事もなし得ないのだから、他者の不完全さも含めて受け取る。それが、自分の弱さを見つめ、弱さを表出できること、助けを求め、周囲に協力を仰ぎ、感謝することにつながる。

「上司は三年掛かっても部下を見抜けないが、部下は三日で上司を見抜く」と言われる。隠そうとしても、部下には簡単に気付かれる。

フォロワーはリーダーが完璧であるから付いていこうと思うのではないだろう。ふとリーダーの弱みや人間的なところを見たとき、なんとかこの人の足りない部分を支えたい、この人に成果を上げさせてあげたい、と付いていくのではないだろうか。これが3.0のリーダーには必要だと考える。

自分自身になるための「ジョハリの窓」

このように言うと、「自分をさらけ出してしまったら仕事などできない」、「部下に対して威厳が保てない」と言う人が必ずいる。そのような人は、リーダーとして仕事をしているのではなく、マネジャーとしてのみそれをしているのである。リーダーは周囲と信頼関係を作ることなくして機能しない。だから、生身の人間が出ている必要があるのだ。

全部を一気にさらけ出す必要もないし、特別な趣味・性癖の類いを告白する必要もない。ただ、一〇〇%自分自身でいる、自然体でいるということである。難しければ、少しずつでよいし、まったく出していない人は、二〇%、少し出している人は、五〇%というように割合を上げていけばよい。図表5－3に示した「ジョハリの窓」はそんなイメージを示している（ちなみにジョハリとは、最初の発表者である心理学者のジョセフ・ルフトとハリー・インガムの名前を組み合わせたもの）。

図の②自分から見て「分かる」他人から見て「分からない」「隠された心の窓」を、できるだけ開いていく。③自分から見て「分からない」他人から見て分かる「気付かない心の窓」にフィードバックにより気付かされたら、素直に受け入れていく。これにより、①「開放された心の窓」を広げていくのだ。ちなみに、④「真っ暗な心の窓」を探究していくことが、上述の「いままで生きてこなかった、もう一つの自分を生きる」、自分の発見につながるのだと考える。

ゴーフィーとジョーンズは、将来のリーダーが取り組むべき課題は、自分自身であることであり、エグゼクティブたちに以下のようにアドバイスしている。

「あなた自身になりなさい、ただし、これまでより多くのスキルを身につけたあなたに」

図表5-3　ジョハリの窓

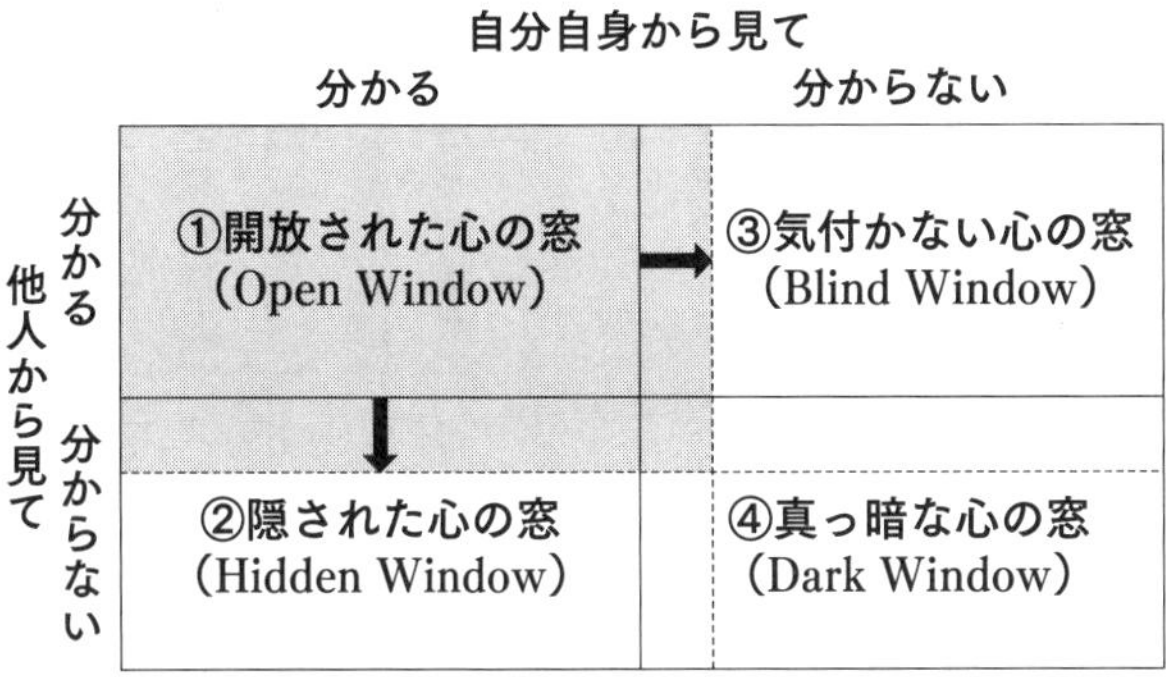

自分自身でいる割合を上げていくために、少しずつ心の窓を開けていくことが重要

同様のことは、企業でも明確にしているところがある。たとえば、サウスウエスト航空である。

「サウスウエスト航空が従業員に求めるのは、ありのままの自分でいることだ。自分をさらけ出せない人は歓迎されない。本来の自分を偽るような従業員は、毎日の生活でかなりのストレスをため込むはずだ。そしてそのストレスは、サービスを提供する乗客や一緒に働く同僚に向けられることになる」（前掲『破天荒！サウスウエスト航空―驚異の経営』）

また、ウイルス対策ソフトのトレンドマイクロもそうだ。共同創設者でシニアエグゼクティブバイスプレジデントのジェニー・チャンは以下のように言っている。

「"Be yourself, be the best part of yourself"…自由に自分自身になり、自分の最良の潜在的資質を発揮せよ…コミュニケーションが困難で、ほんとうの自分を表現せず、愛想や沈黙、または怒気でほんとうの自分を覆い隠すと、他人に誤解を与えやすい。『自由に自分自身になる』には、まず最初に自分に対して自信を持つとともに、相手との相互信頼を確立することが基本」（スティーブ・チャン、ジェニー・チャン『トランスナショナルカンパニー』メディアセレクト）

要素7　ファシリテート（促進）する

場を提供し、フォロワーが自律的に動くように支えるためには、リーダーがファシリテーターの役目を果たすことが必要になる。自分が、どうしてもできなければ、他の人に代わりにやってもらえばよい。ただし、その場合は自分も一メンバーとしてディスカッションに参加することだ。

ファシリテーションというと、下位の役職者がやることだと思っている経営者や経営幹部が多い。しかし、リーダーにはファシリテーションを行なうことが、ビジョンを共有し、メンバーの共感を引き出すためには必要になる。

全米心理学協会元会長のマーティン・セリグマンが創始したポジティブ・アプローチは、変革に向けてビジョンの共有や共感を引き出すのに非常に有効である。しかし、多くのリーダーのほとんどはそれを知らず、問題解決アプローチ（または、ギャップ・アプローチともいう）でやっている。そのため、効果が表われず苦しんでいる。

問題解決アプローチのプロセスは次のとおりである。

問題を特定する→原因を分析する→解決方法を検討する→アクションプランを作成する

日常業務を行なうには、この手法が適しているし、実際に経営コンサルタントはこのアプローチによってクライアントに提言を行なう。

しかし、このアプローチの最大の欠点は、参加者が決して楽しくないことである。原因を分析するということは、特定の部門なり個人の問題点を追究することになる。組織とは、問題が集積する存在であるという否定的・批判的なアプローチであるからである。

これに対して、ポジティブ・アプローチ（または、ビジョン・アプローチともいう）は以下のようなプロセスで行なう（ダイアナ・ホイットニー&アマンダ・トロステンブルーム『ポジティブ・チェンジ』〈原題“The Power of Appreciative Inquiry”〉、ヒューマンバリューより一部加筆）。

自分たちの強み・価値を発見する→その強み・価値を活かしてどうありたいか、最大の可能性を描く→現実的達成状態を共有化する→新しい取り組みを始める

このアプローチ（ストレングス・ベースト・アプローチとも言う）の利点は、参加者全員が楽しいことである。組織とは可能性を秘めた存在であるという、肯定的観点に立脚しているからである。強みを活かして活動しているうちに、いつの間にか弱点も克服されているということになるという原理を使っている。

具体的方法としては、参加者が、ポジティブ・アプローチで自由にブレーンストーミングできるような場を設ける。

たとえば、強み・価値の発見は、参加者が自身の最高に達成感があったプロジェクトや仕事を振り返り共有する。その際に、相手を尊重し、引き出すような質問を投げかけることが（"Appreciative Inquiry〔AI〕"という）が肝要である。各人の要素を持ち寄って、強みをキーワードや絵、図などによって自由に表現する。色紙などの道具を使ってやればよりイメージを共有できる。これをレゴを使って行なうワークをしている団体もある。

次に、その強み・価値を活かした時に最高にどこまで行けるかという組織の最大の可能性を描く。これは、将来雑誌やテレビで取り上げられている場面をグループ単位でイメージし、実際に演じてもらうのだ。これがビジョンの共有である。そして、次に、そのビジョンを具現化するための話し合いを行なうのである。

ある業務用ソフトウェア企業は、当初の年度計画を大幅に見直したにもかかわらず、数カ月連続で、予算が未達となっていた。これは、主に市場環境の悪化の影響を受けた結果であるが、同時にそのような状況にかかわらず、経営幹部の危機感を多くの社員が共有しておらず、笛吹けど踊らずという状態であった。

そのような状況で、なんとか社内の風土を活性化すべく、同社の社長はポジティブ・アプローチを導入することにし、筆者は協力をすることになった。

他の役員やスタッフは当初、このようなやり方は当社の社風には合わないと否定的であった。社員は冷めていてノリが悪いので、全員でそのようなことをやるには無理があるということだった。実際、金曜日夕方に集まり、一泊して翌日まで行なうセッションに集まった社員の、四分の一は斜に構え、まったく参加しようという意欲が見えなかった。最初のうち、彼らは一切ファシリテーターの顔さえ見ようとせず、またワークに際してもひと言も発しなかった。同社はあまりにコミュニケーションが良くないと聞いていたため、自己理解と他者理解のために性格検査とそのフィードバックを行なった。

その辺からだんだんと面白くなってきたのか、ワークに参加するようになり、ポジティブ・アプローチに入ると、一気に溜まっていたものを吐き出すかのように、活き活きとグループワークをしだしたのであった。終了後各グループに、ビジョンを実現するための行動規範を発表してもらった時には皆の顔が輝いていた。

普段は自分の意見を言いたかったのに表現できなかっただけで、本当はそのような機会を求めていたのである。

後日、あの場で出た言葉を使って会社の行動規範を作成して社内の壁に掲げ、日常的にその行動規範を皆で振り返りながら仕事をするようにした。全員が参加して作った自分たちの行動規範である。誰ひとり異議を唱えることもないどころか、皆積極的にその行動規範を会話の中に入れながら仕事をするようになったのである。

さて、これはもちろんポジティブ・アプローチだけの成果ではないだろうが、翌月、久しぶりに同社は目標数値を上回る業績を上げた。

要素8　「エンパワーメント」を正しく理解し実行する

エンパワーメントは、日本語では権限委譲というように訳されることが多い。しかし、それがエンパワーメントを日本人に正しく伝えられない大きな原因であると考えている。

正しいエンパワーメントについて、これも以前拙著『人材マネジメント戦略』で説いたのだが、残念ながらその後も一向に正しい認識がされることはなく、多くの職場では行なわれていないようだ。

仕事を誰かにやらせる／やってもらうときには、二つの側面に分けられる（図表5-

図表5-4　エンパワーメントとは

How（やり方）＼What/Why（仕事の本質）	なし	あり
あり	指示命令	（実務上の）権限委譲
なし	丸投げ	エンパワーメント

出典：小杉俊哉『人材マネジメント戦略』（日本実業出版社）より

エンパワーメントとは、仕事の本質（What/Why）について共有したうえで、やり方（How）は任せるものである

4)。What／Whyという仕事の本質的な部分と、Howというやり方である。

権限委譲というと、通常どちらも含まれる。前任者から後任者への業務上の引き継ぎを考えてもらえれば分かるであろう。一方、Howしかないのが、指示命令である。どちらもないのが、丸投げ。What／Whyについて十分に共有したうえで、Howを任せるのがエンパワーメントである。

エンパワーメントには以下のような五つの要素が必要になる。

（1）目標、目的（2）使用できるリソース（3）制限／制約条件（4）結果に対

する報奨 (5) 報告義務

(1) 目標、目的を明確に共有できたら、(2) 使える費用、人員、あるいはその人がノルマをどのくらいこなせるかなどを示し、(3) 販売地域や、商品の種類など制限、制約があれば最初に明確にする。そして、(4) その結果に対する報奨は、必ずしも給与、や賞与への反映でなくとも、たとえば上手くいった暁《あかつき》には全面的に責任を任せるとか、全社で表彰するといったものでよい。そして、(5) 報告義務を課してよい。なぜなら、人材育成のツールであるから。ただ、何をやるかにもよるが、日報は行き過ぎで、せめて週報か月報、場合によっては四半期報などであろう。そして、必要な助言ができるようにしておくのである。

第3章で紹介したセムラーのエンパワーメント経営が、あまりに放任すぎて不安だと感じる人には、これだったら可能なのではないだろうか。多くの動機付け理論や、調査が明らかにしているように、責任と権限を与え、選択肢を自身が選べる時、メンバーは強い内発的動機を感じるのである。

要素9　動機付けを行なう

リーダーがメンバーの動機付けを行なうことは、必須の要件である。しかし、多くの管理層がどのようにして部下の動機付けを行なったらよいか思いあぐねているという話を、管理職研修でよく聞く。

彼らだけでなく、経営者にも「どうやったら社員を動機付けさせることができるか?」と聞いてくる人がいる。動機付けは本人がそう感じるかどうかであり、決して強いることはできない。したがって、動機付けに使役動詞を使うこと自体が矛盾している。それは、動機付けの理論、仕組みをよく理解していないことが原因である。

モチベーション3.0のところでも触れたが、現在多くの日本人が従事しているクリエイティブな仕事には、報奨、昇進昇格、恐れなどの外から与えられる外発的動機付けは機能しにくくなっている。

アルフィー・カーンは、内発的動機を三つのCで表わしている。

・Collaboration（協力）　・Content（満足）　・Choice（選択）

人と協力すること、仕事の内容そのものに対する満足、そして自分で選択できるということは、内発的動機を高める。エンパワーメントが、内発的動機を高めることは、Whatを与えられたことに対して、自由にHowを自分で選択できる、ということからも説明できる。仕事に対してだけではなく、キャリアに関しても、人生に関しても、自分で選択できるということは、内発的動機を高め人を豊かな気持ちにさせるのである。

動機付け理論で最もよく知られたものに、前掲のダグラス・マグレガーのX理論・Y理論がある。簡単に言うと、X理論は、人間は見張っていないと怠けるという性悪説で、Y理論は、人間は本来進んで働きたがる生き物だとする性善説である。そして、権利行使と命令による経営手法をX理論として批判し、統合と自己統制による経営が将来的に必要になると主張した。

弟子の、アブラハム・マズローの欲求五段階説も同じくよく知られた理論である。これは人間の欲求を次の五つに分けて考えるものだ。

1．生理的欲求　2．安全欲求　3．社会的欲求　4．尊厳欲求　5．自己実現欲求

ある欲求の満足は、より上位の欲求を求める。最高次の欲求は、満足されていてもより求める、というものである。これを、XY理論に当てはめ、X理論は低次元の欲求を持つ人間の行動モデルであり、Y理論を高次元の欲求を持つ人間のモデルであるとした。

その考えを継いで推し進めたのが、「セオリーZ」のウィリアム・オオウチである。日本企業にも、アメリカ企業にも成功する企業は共通して、X理論とY理論の良いところを集めたものを持っているとし、それをZ型（Z理論）と呼んだ。中心の概念は、「信頼」、「ゆきとどいた気配り」、そして「親密さ」であるとしている。

何がやる気を引き起こすのか

フレデリック・ハーズバーグの「衛生要因・動機付け要因」も有名であろう。

「衛生要因」とは、それが欠けると不満の原因になるが、満たされたとしてもやる気につながることはないというものである。仕事の不満足となっている原因の六九％が、企業の

方針、職場環境、給与、地位、雇用の保証などといった衛生要因である。

「動機付け要因」とは、衛生要因とは逆に、それがあればやる気の源となるが、それがなくても不満の原因とはならないものである。仕事の満足に貢献している要因の八一％は、達成感、他者からの評価、仕事内容への満足感、責任感などといった動機付け要因である（フレデリック・ハーズバーグ「モチベーションとは何か」、『ＤＩＡＭＯＮＤハーバード・ビジネス・レビュー』二〇〇三年四月）。

企業の人事部は社員の満足度調査の結果、社員が不満に感じている衛生要因の項目の改善を図ろうとしている。社員の不満は改善されるが、だからといって動機付けられるわけではないということである。

特に、「責任感」が重要である。人は、任せられると、自分がやらなければいけないと責任を感じ、それが動機付けになるということである。これもまた、前出のエンパワーメントがやる気を引き出す、人材を伸ばすということの裏付けになる。

一方、ハーバード大学の教育心理学者ロバート・ローゼンタールは、教師の期待や働きかけが生徒のやる気を起こさせたり、失わせたりすることを明らかにし、これをギリシャ神話の女神の名前から取り「ピグマリオン効果」と呼んだ。

イギリスの劇作家ジョージ・バーナード・ショウは戯曲「ピグマリオン」の中で、主人公のイライザ・ドゥーリトルに「レディと花売りの娘の違いは、どう振る舞うかではなく、どう扱われるかにあるんです」と語らせている。MITのデビッド・E・バリューとダグラス・ティー・ホールは、AT&Tのマネジャークラス社員の調査を行なった結果を発表している（J・スターリング・リビングストン「ピグマリオン・マネジメント」『DIAMONDハーバード・ビジネス・レビュー』二〇〇三年四月号）。それによれば、

・昇進のスピードは各人への期待度への大きさにほぼ比例

・初年度に会社から期待されたことと、業績・昇進度の相関は〇・七二

である。一流大学出身の新入社員を無作為にグループ分けし、一つのグループには「君たちは幹部社員として採用したのだから、大いに期待している」と伝えた。もう一つのグループには何も言わなかった。その結果、前者のグループに属する多くの社員たちは高い

業績を上げ、順調に出世していったが、後者のグループに属する社員たちはそうなる者が少なかったのである。この結果からも、上司の期待が部下を動かす力は絶大だと言える。

（2） 日本人が「3.0」リーダーとなるために必要なこと

従来の日本企業のリーダー養成の問題点

日本企業では、長きにわたってリーダーシップ開発を行なってこなかったツケが回ってきているのではないだろうか。中間管理層に対してはリーダーシップ開発研修を行なっている企業は多い。しかし、経営トップの育成に関してはどうであろうか？

・一つの部門や国内しか経験していない幹部が執行役員、取締役、社長に昇進する
・海外担当者は海外のスペシャリストになってしまう
・次世代リーダー養成講座の非日常性、非継続性。研修が終われば日常業務に埋没する
・次世代リーダーとして選抜された社員以外には、リーダーシップ訓練が為されない

・いったん執行役員、取締役に昇進すると、「上がり」になり、その後は研修、フィードバック、外部アセスメントなどのアセスメントは一切行なわれない

これらが、日本企業の競争力を著しく落としている一因ではないかと筆者は考えている。たとえば、メーカーの技術系幹部・経営者は、大学の理工学部、または理工学系大学院を出て、企業に就職し、研究所や設計・開発の技術部門を一貫して経験してそのままトップに上り詰めることが普通だった。そうすると、技術偏重になるのは当然であろう。

その結果、技術にこだわりすぎ、市場を見ず、市場の変化に対応できない、または手遅れとなる。また、自社開発にこだわりすぎて、開発に時間が掛かりすぎたり、他社とのアライアンスを行なうなどの戦略が取れなかったりすることにより、他社に先を越されてしまうようなことになってしまう。

また、自身の出身事業部門を偏重し、経営会議でも自部門の利益代表のような発言を行ない、また自らが育ててきた部門、部下に手がつけられないため合理化ができない、遅れる、というようなことが起こる。

下から学べない企業人

長く会社にいる、年齢が上がると当然のことながら、自分より若い人、地位の低い人の人口が増えていく。それを自分が「偉くなった」と勘違いしている人が残念ながら非常に多い。自分の上司や上しか見ていない人のことを、かつて「ヒラメ族」と揶揄《やゆ》したが、いまだにそのような人が企業に数多く存在しており愕然《がくぜん》とする。

自分は正しい答えを知っている、自分の方ができると考えると、その時点で思考停止する。部下や若手の社員が、自分の見方と同等、あるいはそれ以上の意見を持っているかもしれないにもかかわらず、壁の向こう側にあることを知ろうとしない。それを養老孟司《ようろうたけし》氏が著書『バカの壁』（新潮新書）の中で指摘した。自分自身が成長できる機会を放棄し、組織内で膨大なオポチュニティ・ロス（機会損失）が発生しているのだ。

そして、そんな上司を持った部下がどれだけやる気を削がれ、自らの意見を言わなくなっているか、そして会社を辞めているかを考えると、そのような人が企業の上層部にいることは企業全体にとってとてつもない損害であることを知るべきである（図表５－５）。

たとえば、インターネットなど最新のテクノロジーに関しては若い人ほど多くの情報と

図表5-5　いかにして「下」の人間から学ぶか

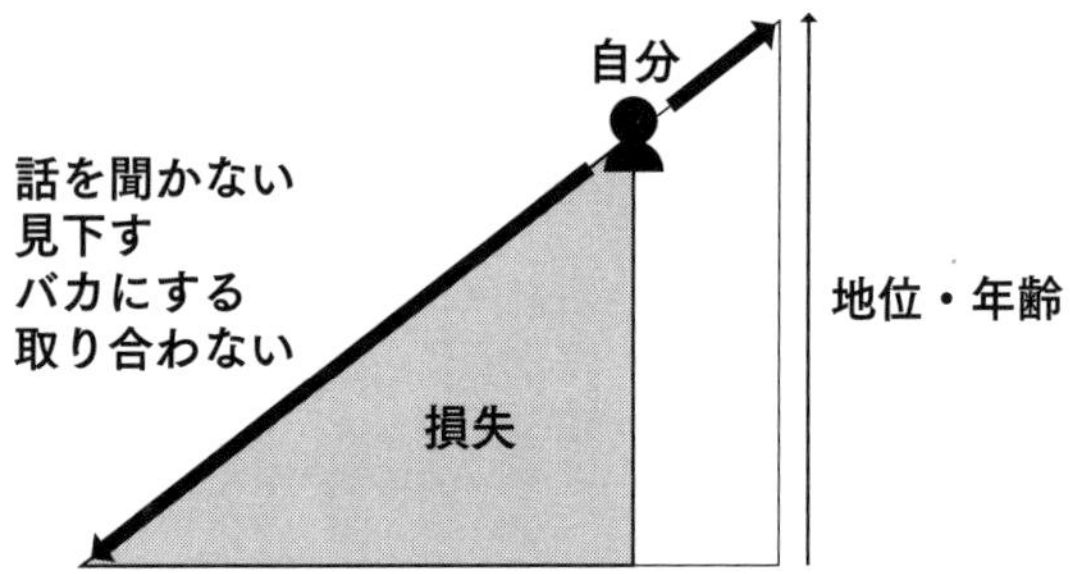

「偉くなる」ほど自分より「下」の人間が増える。そうした下の人間の意見を受け入れないことによって、莫大なオポチュニティ・ロス（機会損失）が発生する

技術を持っており、彼らから学ばないと、その貴重な機会を逃しているのだ。

企業の業績が右肩上がりである時代には、それでも問題なく機能していた。しかし、市場が飽和、縮小していく中で、いままでとはまったく違う視点を持ってやり方を模索していくことが必要な時代には、このようなことは企業にとって致命的なこととなる。

米企業が採用するリーダー養成研修の実態

米企業は、採算の取れない事業、将来性が見込めない事業については、驚くほど早い時期にリストラクチャリングに取り組む。株主の圧力が強いこと、労働関係法の違い、文化の違いがあるので、単純な比較はできない。しかし、その背景に企業のリーダーのバックグラウンドの違いがあると考えている。

米企業のＣＥＯ（最高経営責任者）、ＣＴＯ（最高技術責任者）は、工学部などの理系出身の場合、ビジネススクールに行っていることが多い。それによって、技術屋上がりの経営者でも市場重視の発想が身についている。ちなみに、文系の場合は、たとえば弁護士資格を持ちかつビジネススクールに行っている人が多い。これも、経営者が経営を多面的に俯瞰して見るのに非常に役立っていると感じる。

米企業では役員になってから、最も厳しい外部研修を受けることになる。たとえば、“Business Week”誌の Executive Education Survey のリーダーシップ教育部門一位（一九九九年、二〇〇一年）に選ばれたＣＣＬ（Center for Creative Leadership）という団体のものが代表的である。

ＣＣＬは、ノースカロライナ州グリーンズボロに本部があり、コロラドスプリングス、サンディエゴ、ブラッセル、シンガポールにも拠点を持つ。研修では、ＬＤＰ（Leadership Development Program）がフラッグシップで、二〇～二四人程度のクラス、一週間のコースで一人当たり六〇〇〇ドル程度の費用である。

特徴は、講義はほとんど行なわず、ケーススタディ中心で進むビジネススクール的概念的アプローチを取る。そして、それら専門家による行動科学に基づく多種多様なアセスメントの実施とフィードバックにより、参加者がリーダーとしての自分自身を発見し、職場に戻ってから行動を起こすヒントを見つける機会とする。

部屋の三面がマジックミラーになっており、ケースのディスカッション中、受講者の一挙手一投足を外から心理学や、戦略などの専門家が観察している。そして、その発言、行動に対して、フィードバックが繰り返されるのである。フィードバックでは、実にストレートに厳しい指摘を行なう。それは、リーダーとして常に周囲の人間から、その言動を見られている経営幹部になるには必須のことであるという考えからである。

さらに上位者の、経営者を育成する研修がLAP（Leadership At the Peak）では、一二人のクラス、一週間のコースで授業料八九〇〇ドル程度だ。このコースは、書類審査による厳しい事前審査を通った者だけが受講許可で、一五年以上のマネジメント経験、五〇〇人以上を束ねたリーダー経験が必要である。ただし、ベンチャーを創業しているなど小さな組織を率いている場合は考慮する。

企業のリーダーたちは第三者からフィードバックを受け、自分の強み、弱みを理解し能力を開発する機会はないということから、専門家が容赦ないフィードバックを行なう。その厳しさは、ＣＣＬが元々海軍の士官によって創設されたということからご想像いただきたい。同時に、同じような立場で悩みや孤独を抱えるリーダーたちがお互いに評価し合い、学び合う場ともなっている。日本の経営者や役員で、一挙手一投足に関して周囲のフィードバックを受けるというような経験をしている人がどれほどいるであろうか。

ちなみに、筆者は本部でその研修の様子を見させてもらったが、その三面で囲まれた部屋でマジックミラー越しに専門家たちから一挙手一投足を注視されながら、ディスカッションし、あとで厳しい指摘を受けるのは、ちょっと勘弁してほしいと思ったくらいだ。それほどのプレッシャーを感じる。

魅力的でなくなった日本人

もちろん、ＣＣＬ以外でも通常の大学、たとえばハーバード、スタンフォードなど著名大学を中心に、エグゼクティブコースを設けている。スタンフォードの場合は、一カ月間で、通常のビジネススクールのコースの一年分のケースをやるので、強いプレッシャーを受けながら、寝る間がないほどの生活になる。

さまざまな国から多種多様な背景の人たちが集まり、そこでお互いを高め合い、無事修了した仲間は、戦友のようになる。欧米だけでなくアジアの国々、中南米からも参加者が集まり切磋琢磨しあうのである。それがどれだけのビジネスのネットワークになっているか想像いただけるであろう。

かつて、日本企業はそのようなエグゼクティブコースに幹部社員を競って派遣していた。しかし、バブル崩壊後、教育予算削減から止めてしまったところが多い。まだ派遣している限られた業界・企業もあるが、せっかく参加しても、日本人同士で固まり、授業時以外は話もせず、ネットワークを築くことができない人が多い。実にもったいない。本人にとってではなく会社にとって、である。それこそ投資した甲斐がないからだ。

通常のビジネススクールでも、かつてバブル崩壊前はどのトップ校にも日本人は一学年数十人単位でいた。ところが、九〇年代に入りどんどん減り、現在はどの学校も軒並み一桁である。スタンフォードは二人しかいない。

これは、かつてのように企業がビジネススクールに、社費で将来の幹部候補生を派遣することを止めてしまったことも一つの理由としてある。しかし、最大の理由は、ビジネススクール側が日本人をかつてのように受け入れなくなったということである。

理由は、一言でいうと彼らにとって魅力的ではなくなったからだ。前述のように、八〇年代までは彼らは、必死に日本企業の成功の秘密を知りたがっていた。だから、拙《つたな》い英語であっても日本人が口を開くと、皆必死に聞いてくれた。しかし、いまや日本企業から学ぶものはほとんどないと見なされている。その上、クラスにいても積極的に授業に貢献しようともしなければ、なおさら相手にされなくなる。

ビジネススクールは、経営者を養成する職業訓練校という側面がある。だから、TOEICやGMATの点数が高いだけでは受け入れないのである。いかに授業に貢献してくれるか、そして卒業後に大学のブランドを高めてくれるか、という視点で候補者を受け入れるかどうか選抜する。

台頭するアジア諸国のリーダー教育

日本人に取って代わったのが、韓国人であり、中国人である。特に中国人の留学生数は毎年うなぎ上りで増えている。また他のアジアの国々からも以前より増えている。

よく知られていることだが、韓国、中国、香港、シンガポールなどの国々では熾烈《しれつ》な受験戦争を勝ち抜き、選りすぐりの人材が海外に留学している。韓国サムスンなどは百人単位で他国に一～二年送り込み語学力を磨かせ、人脈形成させる。さらに欧米に留学させ、ビジネス人脈を増やす。ちなみに、韓国人は二〇年ほど前までは、日本人同様に英語が下手なことで有名だった。

テレビドラマや歌などの韓流ブームは、竹島問題でかつてほどの過熱状態ではなくなったが、それでも日本に深く浸透している。リーダーではないが、彼らの人材育成には学ぶべき点があると考えている。たとえば、芸能プロダクションSMエンタテインメントは、東方神起、少女時代など人気グループを抱える最大の事務所であるが、キム・ヨンミン社長のインタビューの要点をまとめると以下のようになる。

・新人を発掘する際オーディションからデビューまで六年、歌や踊りだけでなく語学や教養、礼儀作法まで教育
・その間に才能を評価し、脱落者もどんどん出す
・タレントとしてだけでなく、人としてもきちんとしていないとダメ
・徹底的にマーケティングリサーチを行なって、デビュー時のイメージ戦略を練る
・タレントは一人ひとりが国を代表しているという気概がある

筆者も、ＳＭエンタテインメント所属アーティストが出演するコンサートに何度か足を運んでいるが、彼らの踊りや歌だけでなく、ファンへの対応や上達する日本語に感心させられる。日本のアイドルも決して悪いとは思わないが、プロフェッショナル意識に関して相当の開きがあると感じる。それが、パフォーマンスの大きな差として表われている。

さて、語学力の話に戻るが、中国人は天安門事件前、国策によりほとんど英語を喋《しゃべ》れる人間がいなかった。筆者は法務部にいたので中国の国営企業と契約交渉を行なう機会があったが、当時相手方は誰も英語を話さないので、通訳を付けるしかなかった。

ところが、その後の経済は語学力の伸張と比例するかのように飛躍的に伸びた。韓国、中国の例から分かるのは、英語下手は日本で一般に言われるような国民性によるものなどでは決してないということである。純粋に、教育に力を入れるかどうかの問題である。また、米国のビジネススクールでは、中南米からの留学生も増えている。今後はアフリカからの参加者が増えるであろう。経済力、国力の盛衰と同期しているのである。

あまり知られていないが、イギリスではIOD（Institute Of Directors）という取締役の資格認定機関がある。大手企業は、Director の資格取得が役員となる条件にしているところが多い。実際に上場企業の役員の過半数がこの資格を持っているという。

IODでは、資格認定だけではなく、資格要件を満たすためのさまざまな科目（ビジネススクールの科目と同じようなもの）の研修も行なっている。また、IODは法案の諮問機関でもあり、日本経済団体連合会のような位置づけでもある。

由緒正しい建物を訪れると、そこには歴代国王を招き晩餐会を開く部屋があり、また地下のレストランは、多くの企業トップが集まる情報交換の場にもなっている。筆者が訪れたのは、平日の昼間であったが、赤ワインのボトルをどんとテーブルに置き、ワイングラスを傾けながらなにやら密談を行なっている姿があちらこちらに見られた。

このように、欧米、アジア諸国は上に行くほど学習し、厳しいアセスメント、選抜を受けている。学習は、どんなに偉くなっても、何歳になっても続ける必要がある。それなしには、価値を提供しつづけることはできないのである。

「失敗の本質」から学ぶ

最近、再び『失敗の本質』が注目されている。同書は言うまでもなく大東亜戦争における日本軍の大敗の原因を、一橋大学の野中郁次郎教授ら錚々《そうそう》たる学者たちが理論的に分析したものである。

同書の主張の核心は、日清戦争、日露戦争の成功体験に固執し、「大東亜戦争中一貫して日本軍は学習を怠った組織であった」ということであろう。作戦の失敗の経験から学ぶことや、現場からのフィードバックを受け入れて活かすというシステムが一切働かなかった。また、「理性的な判断が、情緒的、精神的判断に途を譲ってしまった」という、意見を持っているのに何となくそれを表現せず、全員が流されてしまうという「空気」が支配してしまうということである。

これが、今の日本の企業や政治の状況と二重写しになるという意見はさまざまなところでなされているので、ここではあえて触れない。

これに対して、アメリカ軍は、マレー沖海戦において、イギリス海軍の誇る最新鋭戦艦「レパルス」「プリンスオブウエールズ」が日本海軍の航空部隊によって撃沈されたという事実から、航空主兵への転換を素早く行なった。まさに論理実証主義に基づく戦略策定のプロセスをとったのであった。

このことは、たとえば以下のような例において一貫して見られる。

・アメリカが七〇～八〇年代の日本的経営の徹底的な研究から、長期雇用、共同体意識、一体感、価値共有などという要素を学んで取り入れていったこと
・自動車、家電、時計など、日本企業に米市場を席巻《せっけん》されたことに危機感を抱き、「経営者が技術を知らず、技術者が経営を知らないことが日本に勝てない理由」と結論づけ、全米の大学がMOT（Management of Technology／技術経営）コースを設置し、活

性化させたこと

・リエンジニアリング（ビジネス・プロセス・リエンジニアリング）によって、ワークフローを見直し、分断された業務プロセスを組み直したこと

・ラーニングオーガナイゼーションによって、組織内で情報共有を仕組み化したこと

・自分の役割を果たすためにはジョブにとらわれず他の人を助けたり、チームで動いたりすることから学び、コンピテンシーという概念にまとめあげて採用したこと

これらはすべて日本に負けたことを契機に原因を徹底的に究明し、新しい戦略を策定していったプロセスである。非常に論理的実証的で、そちらもまた二重写しになるのである。

日本人はグローバル・リーダーに向いている

さて、このように見ると、日本人として過去の「DNA」を受け継いでしまっている我々は所詮リーダーシップを発揮できないのではないかと、悲観的な意見さえ出てくる。

しかし、友人で、前ナイキ アジア太平洋地域人事部門長の増田弥生《ますだやよい》氏は、著書『リー

ダーは自然体』(光文社新書)で、自らの経験から「グローバル環境で、日本人はリーダーシップを発揮しやすい」と述べている。

日本人は、マルチナショナルな場でリーダーシップを発揮できる、以下のような条件を持っている。

・宗教的な背景、人種的偏見がなく融通無碍《ゆうずうむげ》
・メンバー全員に配慮し、我慢強く傾聴できる
・私利私欲に走ることなく無私に徹し、全体最適を優先することができる

海外でミーティングを行なうと、外国人が皆、自己主張を繰り返すのみで、まったく人の話を聞かず、閉口する、などということを多くの人が経験しているであろう。日本人ほど、人の話をちゃんと聞く民族はいないのではないかと感じることもある。

また、大戦後見事に復興し、経済的に成功し、国連、ODAなどを通じて国際貢献をしてきた日本という国自体に対しての一定のリスペクトが、少なくともまだアジア地域には

残っている。「賞味期限」は後わずかだと感じるが。

実際のところ、国際機関ではリーダーとして活躍している日本人は多い。たとえば、カンボジアや旧ユーゴスラビアの国連平和維持活動において事務総長特別代表を務めた明石《あかし》康《やすし》氏、前国連難民高等弁務官緒方貞子《おがたさだこ》氏。現役では、松浦晃一郎《まつうらこういちろう》ユネスコ事務局長、国際司法裁判所裁判官(所長)の小和田恒《おわだひさし》氏、国際原子力機関(IAEA)事務局長の天野《あまの》之弥《ゆきや》氏。最近では、世界銀行が管理する基金「地球環境ファシリティ(GEF)」CEOの石井菜穂子《いしいなおこ》氏、国際宇宙ステーションで船長を務めた若田光一《わかたこういち》氏などがいる。

日本の持つ多様性と志を取り戻せ

近年、日本でもダイバーシティ(正しくはdiversity & inclusion)という言葉がしきりに使われるようになった。多様性を尊重し、受け入れる、ということである。

企業において、人種・国籍・性・年齢を問わずに人材を活用することによって、ビジネス環境の変化に柔軟、迅速に対応できるという考えである。しかし、日本文化の形成を考えるとき、古《いにしえ》より外来のものを柔軟に取り込んでダイバーシティに対応してきた歴史があることに気付く。

たとえば、我々の祖先は縄文人と弥生人と考えられている。縄文人は現住の農耕民族で土着、勤勉を特徴としていた。そこに、弥生人が渡来して移住した。弥生人は、海洋民族で、戦闘的であり、世界に飛躍していた。しかし、縄文人が弥生人によって滅ぼされたり、駆逐されたりしたわけでなく、長きにわたって共存し、そしてやがて混じり合っていったと考えられている。

また、元々神道の「八百万《やおよろず》の神」を信仰していたが、外来の儒教、禅、仏教を受け入れていった。いわゆる神仏習合《しんぶつしゆうごう》である。ちなみに、前出の永平寺では毎日の朝課で、インド、中国、日本の三国歴代の仏祖に対して供養をしている。さらには、キリスト教も受け入れていき、江戸期の迫害の時期もあったが共存している。

我々は特に宗教を信仰していなくとも、陰陽道に基づくさまざまな行事、たとえば七草がゆを食べ、節分に豆まきをし、ひな祭りや端午《たんご》の節句を祝う、ということをしている。そして、周知のとおり、神社に初詣で、寺で法事、教会でクリスマス・ミサ、そしてクリスマスパーティーを行なうといったことに、なんの抵抗もない。

明治維新により、それまでの鎖国を一気に解き、西欧文化を受け入れていった。そして、第二次大戦後は、占領国であったアメリカの文化をあっというまに受け入れアメリカナイズされていったのであった。このような例は世界広しといえども希有である。新しいものを受け入れつつ、従来のものもこだわりを持って残し共存させていく、剛と柔、動と静の絶妙なバランス、中和力はまさに日本文化の特徴であろう。

また、日本人の根底には武士道＝「士」スピリット（サムライシップ）のＤＮＡが流れている。それは、覚悟、気概、宿命、修行という言葉が今も多くの日本人の琴線に触れることにも現われている。松下幸之助の直弟子として知られる林《はやし》英臣《ひでおみ》先生によれば、サムライを定義するものは以下のようなものであるという。

・刀を抜く、切るということは、責任を負うことである。
・「切り捨てご免」がある反面で、道理にかなっていなければお咎《とが》めを受け、切腹をすることになる。その覚悟が常時求められている。
・刀は、一生抜かないかもしれないが、今日は抜くかもしれない。その気概を持って、

常に修行を怠らないことが求められる

・親や主君の敵討ちという宿命を背負ったら、一生その機会を求め、その日のために自らを磨きつづける

このような高い志と、テンションを絶えず維持しつづけるのは至難の業であろう。それがゆえに、サムライは「おさむらい様」と言って尊敬された。

これが、今でも海外の特にインテリ層からは、日本の伝統文化とともに、畏敬の念を持って捉えられているのである。しかし、残念なことに我々日本人がそのことを誇りに思うこともなく、また外国人から聞かれても答えられる知識を持ち合わせていないのである。尋ねた外国人たちの落胆が目に浮かぶではないか。

いま日本がすべきこと——リーダー育成への提言

上述のように、吸収力、変化対応力、受容性があり、これだけ海外の文化を取り込みながら、自国文化と融合させてきた民族はまれである。また、真面目、親切、ていねい、他

人・周囲への配慮ができる、場の雰囲気を察する、といった特長を持っている。

背景には、「お陰さまで」「お天道様が見ている」「世間様に申し訳ない」「ご先祖様に顔向けができない」「情けは人のためならず」「お互い様」という世界観、道徳観をもともと持っているということがある。「陰徳」（人が見ていないところで徳を積む）という言葉は、すでに日本でしか通用しないのではないだろうか。

また、最近注目されている江戸しぐさの、たとえば、「傘かしげ」（雨の日に、傘を外側に向け、お互いがぬれないようにすれちがうこと）、「肩引き」（人とすれ違うときに左肩を路肩に寄せてあるくこと）など、伝わっている礼儀作法がある。

また、茶道、華道、武道の中にも引き継がれている、互いを尊重し、気持ちよく場や時を共有する知恵や作法がある。

自然の外部に人間がいると考え、その自然を克服し、解明しようとしてきた西欧人に対して、人間も自然の一部であり（これは東洋思想）、自然を大切にし、その中で感謝しながら生活してきたのが日本人である。これは自然をホリスティック・システムと捉え、人間もまたその一部であり、いかに自然と人間が共存するかという最先端の科学分野のテーマであるのだ。海外から注目されるようになったモノや資源を大切に無駄なく使おうという「もったいない」という発想が身についている。

マサチューセッツ工科大学のピーター・センゲは、その著書『持続可能な未来へ』（日本経済新聞出版社）の中で、アメリカ型短期利益重視モデルから、学習する組織による循環型経済の新しいビジネス・モデルへの転換が必要であると述べている。それには、地球、自然、人間、すべての生命への配慮、与えられている恵みに感謝することが必要であり、たとえば、仁義を重んじて人間と自然との調和をはかるという数千年の歴史をもつ儒教の考えから学ぶこと、と説いているのが非常に興味深い。

これらの要素は、すべて3.0のリーダーシップに求められる「自らの利益を追うのではなく、正しいことをする、地球にとってよいことをする」という方向性と一致する。これらは今の若い人には忘れ去られている、という指摘もあるであろう。しかし、それは、教えていないからである。我々のDNAの中に流れているものは、いったん教えられれば容易《たやす》く受け入れ、身についていくのである。そのようなDNAのない人たちがこれらのことを身につけようとしたら、大変な努力が必要となる。

前述のように、圧倒的にお人好し、いい人！ であり、皆の幸せを考えられる。これが大震災後に、略奪ではなく相互の助け合いが行なわれたことで、改めて我々日本人が認識したことであった。

さらに、勤勉、コツコツと真面目にやる、精緻・正確にやる、最後までやる、モラール、学力が高くロイヤリティがあり、チーム指向が強い。

真夏に日本を訪れた欧米人は皆驚嘆する。「どうして、この高温多湿の過酷な環境の中、毎日満員電車に乗って会社に行くなどということができるのか⁉」と。長く海外で過ごし、すっかりその生活に慣れてしまった日本人も夏に帰ってくると、まったく同じ反応を示す。「日本人は、本当に我慢強い。これほど勤勉な民族は世界中どこにもいない」と。

日本人に欠けているものを認識する

しかし、残念ながら日本人に決定的に欠けているものがある。それは以下のとおりだ。

自律意識／ビジョン／アサーション（自分の意見をきちんと相手に伝えること）／ダイナ

ミック発想、仕掛け作り／楽しんでやること／自分、自国に自信を持つこと／自国の文化の知識

特に、自分、自国に自信を持ってアサーションすることが、非常に苦手である。日本人の美徳はアサーションしなければ伝わらない、というジレンマがある。しかし、国際社会ではそうしていかなければ、相手にされなくなるだけである。

他者に積極的に働きかけ、グループ作り、仲間作りをやっていかないと、かつてのような技術力、商品力で圧倒できない以上、グローバル・スタンダードを握ることは不可能である。また、ディベートに慣れている人々は、口角泡を飛ばす議論をしながら、ひとたび終わると、一緒に食事にいったり、楽しくやることができるのだが、日本人は慣れていないので感情的になってしまい、なかなか議論による主張のやりとりと友好関係の維持の両立が難しい。練習することによる慣れが必須である。

以下に本項のまとめとしてリーダー育成のための「学習の習慣化」の提言を、箇条書き

で記す。これらが、グローバルリーダーとしての選択の質、スピードに多大なる影響を与えると考える。

・自国文化、伝統の徹底的学習
・言葉の障壁の除去とアサーション、ディベート教育の徹底
・外国との徹底的な人的交流による、知識、知恵の共有とネットワーキング（できるだけ小さい頃から）
・自律支援、楽しく働ける環境、プロセス提供。その前提として自らが自律意識を持つ機会を用意
・経営陣に資格制度と、外部アセスメント、多面評価を導入。学習、自己成長しようとしない経営層は退場させる
・知識・スキル以上に presence（存在）、人間性、精神性の評価にも焦点を当てる。継続的に高めることを促すとともに機会、場を提供

おわりに

いかがであっただろうか。リーダーシップ3.0は決して奇をてらったものではないということがお分かりいただけたであろうか。むしろ、極めてリーダーシップという本来の機能を忠実に捉えたものであることに気付いていただけたら幸いである。

改めて、リーダーシップ3.0のあり方の背景を示したい。

・「自律した個人」の存在が大前提
・組織と個人、リーダーとフォロワーは対等
・リーダーの役割は、いかに個々のメンバーとの「信頼」を築くか
・いかにして、一人ひとりのポテンシャルを引き出すか
・運命共同体ではないコミュニティ
・ネットワークにより情報はふんだんに得られる中で、社員はあえてそこで働くことを選んでいる

今、求められるリーダーの役割は、どれだけメンバーのパーソナル・リーダーシップ（自律）を引き出すように働きかけ、それを発揮する場を整えるかということである。

リーダーは、自らが周囲に与えるインパクト（影響）に対して、常に敏感でなければならない。また、責任を持たなければならない。そうでなければ、マネジャーは務まっても、リーダーにはなれない。

ピーター・ドラッカーは、リーダーについて以下のように述べている。「信頼がない限り従うものはいない。そもそも、リーダーにとって唯一の定義が、付き従う者がいるということである」（『プロフェッショナルの条件』上田惇生訳、ダイヤモンド社）

私は、リーダーシップ3.0の場合、一つ付け加えて以下としたい。「3.0のリーダーにとって唯一の定義が、自らの意志で自律的に付き従う者がいるということである」と。

それには、付き従うもの＝フォロワーがリーダーに対して信頼することが前提となる。

これについて、ドラッカーはこう述べている。

「信頼するということは、リーダーを好きになるということではない。つねに同意できるということでもない。リーダーの言うことが真意であると確信を持てること。それは、真摯さという誠に古くさいものに対する確信である」

本書が現在リーダーとして活躍している、そしてリーダーを目指す日本人に、いくばくかのエールとヒントになれば幸いである。

最後に、本著を著すに際して、お世話になった人へこの場を借りて謝辞を述べたい。ドラッカーマネジメント塾を主宰されている、ビジダインの今岡善次郎氏から特にドラッカーや東洋思想について、多くをご教授いただいた。林英臣政経塾の林英臣氏にも東洋思想や武士道についてお教えいただいた。また、第4章は、ライフスタイル・プロデュースの荻野淳也氏、そして、永平寺出身の雲水、星覚氏に多くの情報をいただいた。筆者もパートナー・プロフェッショナルに名を連ねさせてもらっている経営者JPの井上和幸氏とはリーダーシップ3.0セミナーを一緒に実施し、次世代リーダーの育成に共に取り組んでおり、特にコンセプトに関して気付きをいただいた。

参考文献

（第1章）

奥村昭博、山本あづさ「時代がもとめたリーダーたち」（『リーダーシップ・ストラテジー』二〇〇二年春号、ダイヤモンド社）
ウィリアム・G・オオウチ『セオリーZ』（徳山二郎監・訳、CBS・ソニー出版）
マイケル・L・ダートウゾス、リチャード・K・レスター、ロバート・M・ソロー『Made in America』（依田直也訳、草思社）
トーマス・J・ピーターズ、ロバート・H・ウォータマン・Jr『エクセレントカンパニー』（大前研一訳　講談社文庫）
ジョアン・キウーラ『仕事の裏切り』（中嶋愛訳、金井壽宏監修、翔泳社）
ロバート・スレーター『IBMを甦らせた男ガースナー』（宮本喜一訳、日経BP社）
ジャック・ウェルチ、ジョン・A・バーン『わが経営』（宮本喜一訳、日本経済新聞社）
ルイス・V・ガースナー『巨象も踊る』（山岡洋一・高遠裕子訳、日本経済新聞社）
クレイトン・クリステンセン『イノベーションのジレンマ』（玉田俊平太監修、伊豆原弓訳、翔泳社）
エーリッヒ・フロム『自由からの逃走』（日高六郎訳、東京創元社）
エドガーH・シャイン「学習の心理学」（飯岡美紀訳、『DIAMONDハーバード・ビジネス・レビュー』二〇〇三年三月号、ダイヤモンド社）
ラリー・グライナー「成長する組織の進化と革命」（『DIAMONDハーバード・ビジネス・レビュー』一九七二年July-August、ダイヤモンド社）
ジョン・P・コッター「マネジャー研修とリーダー教育は異なる」（『DIAMONDハーバード・ビジネス・レビュー』二〇〇二年十二月号、ダイヤモンド社）

ジョン・P・コッター「リーダーシップとマネジメントの違い」(『DIAMONDハーバード・ビジネス・レビュー』二〇一一年九月号、ダイヤモンド社)
ジョン・P・コッター『21世紀の経営リーダーシップ』(梅津祐良訳、日経BP社)

(第2章)

池田守男、金井壽宏『サーバントリーダーシップ入門』(かんき出版)
ロバート・K・グリーンリーフ、ラリー・C・スピアーズ編集『サーバントリーダーシップ』(金井壽宏監訳・金井真弓訳、英治出版)
ヘルマン・ヘッセ『東方巡礼』(『ヘッセ全集8 - 知と愛』高橋健二訳、新潮社)
森一夫『中村邦夫「幸之助神話」を壊した男』(日経ビジネス人文庫)
野田智義、金井壽宏『リーダーシップの旅』(光文社新書)
長谷部誠『心を整える。』(幻冬舎)
リンダ・A・ヒル「未来のリーダーシップ」(『DIAMONDハーバード・ビジネス・レビュー』二〇〇九年二月号、ダイヤモンド社)
シャーリーン・リー『フェイスブック時代のオープン企業戦略』(村井章子訳、朝日新聞出版)
ハーミニア・イバーラ、モルテン・T・ハンセン「部門横断的に巻き込み高業績を実現する力」(二ノ方俊治訳、『DIAMONDハーバード・ビジネス・レビュー』二〇一二年四月号、ダイヤモンド社)
ジェームズ・C・コリンズ『ビジョナリーカンパニー② 飛躍の法則』(山岡洋一訳、日経BP社)
ダニエル・ピンク『モチベーション3.0』(大前研一訳、講談社)
ミハイ・チクセントミハイ『フロー体験とグッドビジネス』(大森弘監訳、世界思想社)
ミハイ・チクセントミハイ『楽しみの社会学』(今村浩明訳、新思索社)
フィリップ・コトラー『コトラーのマーケティング3.0』(恩蔵直人監訳・藤井清美訳、朝日新聞出版)
ゲイリー・ハメル「新時代へ向けた25の課題 マネジメント2.0」(有賀裕子訳、『DIAMONDハーバード・

ビジネス・レビュー』二〇〇九年四月号、ダイヤモンド社)
伊丹敬之『場の論理とマネジメント』(東洋経済新報社)
C・オットー・シャーマー『U理論』(中土井僚・由佐美加子訳、英治出版)
松瀬学「『日本一』早稲田ラグビーはフォロワーシップの勝利である」(『プレジデント』二〇〇九年三月二日号、プレジデント社)

(第3章)

チャールズ・オライリー、ジェフリー・フェファー『隠れた人材価値』(長谷川喜一郎監修・解説、廣田里子・有賀裕子訳、翔泳社)
ケビン・フライバーグ、ジャッキー・フライバーグ『破天荒!サウスウエスト航空―驚異の経営』(小幡照雄訳、日経BP社)
永井昇「ピープル・エキスプレス航空の企業活動――米国低コスト航空の形成と破綻」(『観光学研究』第5号、二〇〇六年三月)
エリザベス・ハース・イーダスハイム『マッキンゼーをつくった男 マービン・バウワー』(村井章子訳、ダイヤモンド社)
トム・ケリー、ジョナサン・リットマン『発想する会社!――世界最高のデザイン・ファームIDEOに学ぶイノベーションの技法』(鈴木主税・秀岡尚子訳、早川書房)
トム・ケリー、ジョナサン・リットマン『イノベーションの達人!――発想する会社をつくる10の人材』(鈴木主税訳、早川書房)
リカルド・セムラー『セムラーイズム 全員参加の経営革命』(岡本豊訳、ソフトバンク文庫)
リカルド・セムラー『奇跡の経営――一週間毎日が週末発想のススメ』(岩元貴久訳、総合法令出版)
リカルド・セムラー「セムラーのエンパワーメント経営」(坂本義実訳、『DIAMONDハーバード・ビジネス・レビュー』一九九四年Oct-Nov)

（第4章）
星覚『身体と心が美しくなる禅の作法』（主婦の友社）
玄侑宗久、有田秀穂『禅と脳』（大和書房）
島田裕巳『浄土真宗はなぜ日本でいちばん多いのか』（幻冬舎新書）
（第5章）
小杉俊哉『人材マネジメント戦略』（日本実業出版社）
真田茂人『奉仕するリーダーが成果を上げる！　サーバント・リーダーシップ実践講座』（中央経済社）
ウォレン・ベニス『リーダーになる［増補改訂版］』（伊東奈美子訳、海と月社）
ゲイリー・ハメル『リーディング・ザ・レボリューション』（鈴木主税・福嶋俊造訳、日本経済新聞社）
住友晃宏・松下信武『エグゼクティブ・コーチング』（プレジデント社）
ロバート・ゴーフィー、ガレス・ジョーンズ「共感のリーダーシップ」（村井章子訳、『DIAMONDハーバード・ビジネス・レビュー』二〇〇一年三月号）
フレデリック・ハーズバーグ「モチベーションとは何か」（『DIAMONDハーバード・ビジネス・レビュー』二〇〇三年四月号）
J・スターリング・リビングストン「ピグマリオン・マネジメント」（『DIAMONDハーバード・ビジネス・レビュー』二〇〇三年四月号）
スティーブ・チャン、ジェニー・チャン『トランスナショナルカンパニー』（中川友訳、メディアセレクト）
ダイアナ・ホイットニー&アマンダ・トロステンブルーム『ポジティブ・チェンジ』株式会社ヒューマンバリュー訳、ヒューマンバリュー）
戸部良一、寺本義也、鎌田伸一、杉之尾孝生、村井友秀、野中郁次郎『失敗の本質』（中央公論新社）
増田弥生、金井壽宏『リーダーは自然体』（光文社新書）
ピーター・センゲ他『持続可能な未来へ』（有賀裕子訳、日本経済新聞出版社）

切りとり線

★読者のみなさまにお願い

この本をお読みになって、どんな感想をお持ちでしょうか。祥伝社のホームページから書評をお送りいただけたら、ありがたく存じます。今後の企画の参考にさせていただきます。また、次ページの原稿用紙を切り取り、左記まで郵送していただいても結構です。

お寄せいただいた書評は、ご了解のうえ新聞・雑誌などを通じて紹介させていただくこともあります。採用の場合は、特製図書カードを差しあげます。

なお、ご記入いただいたお名前、ご住所、ご連絡先等は、書評紹介の事前了解、謝礼のお届け以外の目的で利用することはありません。また、それらの情報を6カ月を越えて保管することもありません。

〒101-8701（お手紙は郵便番号だけで届きます）
祥伝社　新書編集部
電話03（3265）2310
祥伝社ブックレビュー　www.shodensha.co.jp/bookreview

★本書の購買動機（媒体名、あるいは○をつけてください）

＿＿＿＿新聞の広告を見て	＿＿＿＿誌の広告を見て	＿＿＿＿の書評を見て	＿＿＿＿のWebを見て	書店で見かけて	知人のすすめで

★100字書評……リーダーシップ3.0

名前

住所

年齢

職業

小杉俊哉　こすぎ・としや

1958年生まれ。早稲田大学法学部卒業。マサチューセッツ工科大学スローン経営大学院修士課程修了。NEC、マッキンゼー・アンド・カンパニー、ユニデン人事総務部長、アップルコンピュータ人事総務本部長を経て、独立。慶應義塾大学大学院政策・メディア研究科准教授、同大学大学院理工学研究科特任教授、立命館大学大学院テクノロジー・マネジメント研究科客員教授を歴任。現在、合同会社 THS経営組織研究所代表社員。著書に『起業家のように企業で働く』『職業としてのプロ経営者』(ともにクロスメディア・パブリッシング) など。

リーダーシップ3.0
カリスマから支援者《しえんしゃ》へ

小杉俊哉《こすぎとしや》

2013年 2 月10日　初版第 1 刷発行
2025年 2 月25日　　　第 8 刷発行

発行者………………辻 浩明
発行所………………祥伝社しょうでんしゃ
〒101-8701　東京都千代田区神田神保町3-3
電話　03(3265)2081(販売)
電話　03(3265)2310(編集)
電話　03(3265)3622(製作)
ホームページ　www.shodensha.co.jp

装丁者………………盛川和洋
印刷所………………萩原印刷
製本所………………ナショナル製本

Printed in Japan　ISBN978-4-396-11306-3　C0234